A Essência de
Buda

A Essência de Buda

O Caminho da Iluminação e da Espiritualidade Superior

Ryuho Okawa

IRH Press do Brasil

Título do original em japonês: *Shaka-no-Honshin*
Título do original em inglês: *The Essence of Buddha – The Path to Enlightenment*

Tradução para o português: Luis Reyes Gil
Edição: Wally Constantino
Revisão: Agnaldo Alves e Laura Vecchioli
Diagramação: José Rodolfo Arantes
Capa: Maurício Geurgas
Imagem de capa: Dreamstime

IRH Press do Brasil Editora Limitada
Rua Domingos de Morais, 1154, 1º andar, sala 101
Vila Mariana, São Paulo – SP – Brasil, CEP 04010-100

1ª edição
ISBN: 978-85-64658-07-3
Impressão: Paym Gráfica e Editora Ltda.

Sumário

CAPÍTULO DOIS

CAPÍTULO TRÊS

CAPÍTULO QUATRO

CAPÍTULO CINCO

Prefácio à Primeira Edição Japonesa

Estou muito satisfeito por publicar este livro, *A Essência de Buda*. O primeiro capítulo conta a história de como Shakyamuni renunciou à vida mundana e atingiu a grande iluminação; depois, nos capítulos seguintes, explico de maneira moderna e sistemática a verdadeira essência das leis espirituais que ele ensinou. No futuro pretendo oferecer um relato completo da vida de Shakyamuni; no entanto, nesta obra me concentrei em dar uma visão geral de sua forma de pensar. Com certeza você encontrará aqui uma abordagem clara dos ensinamentos contidos na filosofia de Buda Shakyamuni. Os principais ensinamentos, como os Oito Corretos Caminhos, as Seis Paramitas, o Vazio e a Lei de Causa e Efeito, estão explicados de modo compreensível até mesmo para um leitor com pouco conhecimento prévio sobre o budismo.

Espero que este livro – manifestado por meio de revelação espiritual, assim como *As Leis do Sol*, *As Leis Douradas* e *As Leis da Eternidade* – possa nutrir o coração e a mente de muitas pessoas.

Ryuho Okawa
Agosto de 1988

Capítulo Um

A Iluminação sob o Pé do Pipal, a Árvore Bodhi

1

Renúncia à Vida Mundana

Neste livro, pretendo revelar o que estava de fato na mente de Sidarta Gautama, conhecido como Buda Shakyamuni ou simplesmente Buda, destacando sua iluminação e o que ele fez depois de alcançá-la. Por isso, em vez de dar informações exaustivas sobre sua trajetória, vou descrever como Gautama atingiu a iluminação depois de renunciar à sua vida como príncipe e como viveu seus longos anos dedicados a transmitir os ensinamentos da Verdade aos outros, com ênfase no que ele pensou durante aquele período a partir do ponto de vista do seu "eu interior". Já existe uma vasta literatura sobre o budismo descrevendo sua renúncia à vida mundana e, em geral, posso afirmar que o conteúdo desses textos está cerca de 80% correto.

Houve três razões principais pelas quais Gautama renunciou à vida mundana. A primeira foi uma voz interior que o encorajou a fazê-lo. Essa voz dizia que vivendo num palácio real ele não poderia satisfazer seu verdadeiro desejo, e que algo muito maior, desconhecido, o aguardava. Se fôssemos explicar seus sentimentos no contexto da sociedade moderna, poderíamos compará-lo a um jovem ambicioso que sai da cidade natal, no interior, para uma cidade grande, em busca de algo maior e para se tornar alguém importante neste mundo. Seria mais correto atribuir essa automotivação à sua natureza interior, como se já pressentisse o chamado que estava por vir.

A segunda razão, com frequência descrita em textos budistas, foi a busca de Gautama por respostas aos seus questionamentos sobre os "Quatro Grandes Sofrimentos" – nascimento, envelhecimento, doença e morte. Há uma passagem lendária bem conhecida a esse respeito: "Havia quatro portões principais para sair do castelo onde se encontrava o palácio de Kapilavastu. Certa vez, ao sair pelo portão leste, Gautama encontrou um ancião que sofria devido à idade avançada. Ao sair pelo portão sul, deparou com uma pessoa doente; no portão oeste, deparou com alguém que estava à beira da morte, e no portão norte encontrou um asceta que renunciara à vida mundana". Segundo a lenda, foi somente depois de encontrar essas quatro pessoas que ele começou a contemplar os motivos pelos quais as pessoas passam por esses Quatro Grandes Sofrimentos, do nascimento, envelhecimento, doença e morte. Entretanto, teria sido praticamente impossível que Gautama nunca tivesse encontrado o sofrimento humano até a idade de vinte e nove anos. Na verdade, o real motivo que o levou a renunciar à vida materialista que tinha no palácio foi outro.

No palácio de Kapilavastu, que era a residência de Gautama, havia o costume de se convidar religiosos para fazer pregações uma vez por mês. Assim como ainda hoje é costume da família imperial japonesa convidar intelectuais para exporem suas ideias, também aquele palácio real da antiga Índia convidava alguém que tivesse obtido certa iluminação para fazer uma palestra e assim adquirir novos conhecimentos.

Ao lado de outros membros da família imperial, Gautama ouvia o sermão dos religiosos, mas, ao contrário dos demais, que se mostravam profundamente interessados no assunto, Gautama não conseguia encontrar as respostas para seus questionamentos interiores. Ele tinha um desejo filosófico muito forte de saber o que exatamente aquelas pessoas estavam buscando e o que era na realidade a iluminação. O segundo motivo fundamental para Gautama ter abandonado sua vida secular foi o desejo interior de encontrar respostas para suas dúvidas com relação ao que os líderes religiosos da época diziam.

A terceira razão era seu grande desejo de ficar sozinho, de permanecer recolhido em contemplação. Gautama tinha uma natureza meditativa muito desenvolvida; desde os primeiros anos da adolescência, costumava ficar sozinho, em contemplação. Entretanto, os costumes sociais da época exigiam que o príncipe se casasse, e foram realizadas várias cerimônias com essa finalidade. Assim, ele acabou tendo quatro esposas: por ordem de classe social, Yashodhara ocupava a primeira posição, seguida de Gopa, Manodhara e finalmente uma linda concubina, Murgaja, que ocupava também a posição de dama de honra da corte.

A poligamia na família real daquela época pode ser explicada pelas seguintes razões: 1) para aumentar as chances de deixar sucessores ao trono; 2) para permitir o estabelecimento da residência imperial em mais de um palácio, cada um com uma esposa, a fim de reduzir os riscos de um ataque inimigo ao rei (príncipe); 3) para reduzir o risco de que uma esposa em particular tivesse influência excessiva nos assuntos do governo; 4) para demonstrar a nobreza imperial.

Gautama casou-se primeiramente com a bela Gopa, depois com a respeitada e aristocrática Yashodhara, que se tornou sua "primeira-dama". Mais tarde, ela se afastou do mundo entrando para um convento, seguindo os passos do filho – Rahula, único herdeiro de Gautama, que também se tornara monge.

Ao conversar com suas esposas, Gautama não conseguia entender como as mulheres conseguiam ser tão desprovidas de romantismo e gostar tanto de fofocas. Ele ficou muito decepcionado com a inveja e a natureza possessiva que elas demonstravam ter. Nesse ambiente, era extremamente difícil para ele praticar meditação ou entregar-se à contemplação filosófica. Portanto, aos poucos passou a alimentar o desejo de se isolar.

Para ser justo com as quatro esposas de Gautama, no entanto, é importante mencionar que todas eram muito inteligentes, belas e apropriadas para o papel de esposas de um príncipe e futuro rei. Se ele tivesse herdado o trono de seu pai e governado o país, como era de esperar, não teria havido problema algum. O fato é que nenhuma delas era capaz de acompanhar sua genialidade filosófica.

Além dessas esposas, Gautama estava sempre cercado de auxiliares da corte, tanto homens quanto mulheres. Cada decisão que ele fosse tomar precisava ser de conhecimento e anuência deles, e toda vez que se deslocava, tinha de ser acompanhado por essas pessoas. Seu desejo era escapar desse tipo de vida e ficar apenas refletindo por conta própria, sozinho.

Além disso, segundo o costume social da Índia naquela época, aqueles que deixassem sucessores para a linhagem familiar e fossem ricos o suficiente para sustentar suas esposas e filhos poderiam renunciar à vida mundana e ir viver nas florestas ou nas montanhas como ascetas. Transferindo esse costume para os dias de hoje, seria o equivalente a deixar sua cidade natal para tentar realizar suas ambições numa cidade grande, ou como ir para o exterior estudar.

2

Em Busca de um Mestre

Depois de abandonar o palácio real aos vinte e nove anos de idade, Gautama passou a viajar pelo país à procura de um mestre que pudesse orientá-lo. Sua busca por um mestre e a adoção de uma disciplina espiritual rígida com práticas ascéticas durante esse período são descritas em vários textos budistas.

Esta sua jornada em busca de um mestre e o austero treinamento que impôs a si mesmo não foram em vão. De certo modo, tudo serviu para seu crescimento espiritual. No mínimo, ele teve a oportunidade de observar a vida de outros ascetas e de compreender o que eles estavam buscando. O que ele descobriu pode ser resumido em dois pontos principais.

Em primeiro lugar, naquele tempo na Índia valorizava-se muito os poderes sobre-humanos, por isso as pessoas tinham um desejo intenso de transpor os limites deste mundo material. Muitos queriam encontrar uma maneira de fugir das aflições deste mundo e se tornarem sobre-humanos. Em segundo lugar, ele percebeu uma tendência generalizada da busca por métodos para se obter a verdadeira felicidade. Em outras palavras, as pessoas estavam procurando os princípios da felicidade, e por isso muitos mestres competiam entre si na arte de explicar como os seres humanos poderiam alcançar a felicidade.

Um desses mestres ensinava que torturar o corpo humano era o caminho mais curto para alcançar a iluminação e que, quanto menos apegada ao físico a pessoa fosse, mais próxima ficaria da iluminação. Com base nessa crença, muitos caminhavam sobre o fogo em brasa, sentavam-se sob cachoeiras com as pernas cruzadas em posição de lótus para meditar, equilibravam-se de cabeça para baixo, cortavam e perfuravam o corpo com lâminas e agulhas e dedicavam-se a práticas desse tipo.

Outro mestre pregava que era preciso se concentrar na eliminação dos pensamentos. Ele argumentava que a origem das dificuldades da vida eram os pensamentos que passavam pela mente do homem. Se as pessoas conseguissem evitar os pensamentos, todos os sofrimentos desapareceriam e elas poderiam desfrutar da suprema tranquilidade. Essa corrente de pensamento pode ter dado origem ao conceito moderno de meditação baseada na "ausência dos pensamentos e dos desejos".

Houve ainda um outro mestre que defendia a necessidade de desenvolver a capacidade de argumentação e assimilação das palavras; no entanto, não conseguia definir claramente o que seria a iluminação. Seu estudo se concentrava em como se defender dos ataques verbais, e sua ideia de iluminação parecia que dependia da capacidade da pessoa em saber utilizar os melhores argumentos.

No contato com essas pessoas, Gautama começou a sentir que havia algo errado na postura desses ascetas. Tudo o que ensinavam parecia não ter muito sentido. Ele descobriu que, por mais que tentasse, não conseguia encontrar as respostas, ninguém era capaz de lhe dar uma explicação clara sobre o verdadeiro propósito da vida ou acerca da espiritualidade dos seres humanos. Por essa razão, antes mesmo de completar um ano de sua renúncia à vida mundana, parou de procurar um mestre. Então, adotou como mestre seu próprio coração e sua própria mente, começou a buscar um caminho que o levasse a descobrir o Buda dentro de si mesmo. Desse modo, o propósito de sua autodisciplina passou a ser a descoberta das leis da Verdade.

3

Treinamento Espiritual

Tendo abandonado a busca por um mestre, Gautama partiu silenciosamente para a floresta, por sua própria conta e risco. Agora seu objetivo era alcançar a iluminação sozinho, e ele tentou todas as maneiras possíveis de treinamento que conseguiu imaginar, até que, finalmente, descobriu seu próprio método.

Primeiro, passou um tempo mergulhado em profunda contemplação, em florestas infestadas de cobras venenosas. Ao amanhecer, meditava às margens do rio Nairanjana. Às vezes, passava a noite inteira acordado, sem conseguir dormir, ou então ficava o dia inteiro simplesmente sentado quieto, transpirando. Fosse observando as folhas das árvores da floresta, sentado em meditação no interior de cavernas ou observando a superfície dos rios, ele estava sempre em silêncio, procurando uma maneira de alcançar a iluminação.

A busca de Gautama por um mestre durou menos de um ano. A conclusão a que chegou, em função de seu treinamento com dois famosos eremitas – Alara-Kalama, que ensinava a meditação num "estado de vazio", e Udraka-Ramaputra, que ensinava a meditação num estado em que não havia nem pensamento nem "não pensamento" –, foi que o mais importante de tudo era a concentração. Ele havia conseguido dominar duas formas de alcançar a paz interior pela meditação, mas os resultados que obtinha com essa disciplina espiritual poderiam ser descritos como meros estados mentais. Ele não conseguiu encontrar uma Verdade que pudesse ser explicada logicamente. Por fim, ele abandonou esses dois mestres, porque seu desejo era obter sabedoria, em vez de meditar simplesmente por meditar.

O objetivo inicial de suas austeridades era se libertar de qualquer preocupação com assuntos mundanos. Por esse motivo, decidiu viver em lugares mais afastados, distante dos vilarejos. Ao tentar eliminar seus desejos mundanos, a primeira dificuldade que enfrentou foi a necessidade de alimento, pois a falta de comida fez surgir um desejo incontrolável de conseguir a qualquer custo algo para comer. A verdade que descobriu com isso foi que, embora os seres humanos tenham vários tipos de desejos, quando um desejo em particular fica desproporcionalmente grande, os outros se tornam menos definidos. Depois de vários dias sem comer nada, percebeu que o desejo de comer se tornara tão forte que o de dormir e o desejo sexual iam gradualmente diminuindo, embora nunca tenham desaparecido por completo. Pelo fato de se alimentar apenas de frutos silvestres, folhas e outros vegetais comestíveis que encontrava nos bosques, a força física de Gautama começou declinar naturalmente, e suas pernas enfraqueciam cada vez mais. No final, tinha força suficiente apenas para sentar em meditação na caverna.

4

Autorreflexão

Por vários anos, Gautama passou a maior parte do tempo em sua caverna, exceto as poucas horas em que saía para conseguir alguma coisa para comer e sobreviver. Durante esse período, Gautama refletiu profundamente sobre as seguintes questões: Por que razão nascem os seres humanos? Por que vêm para este mundo constantemente afligido por guerras? Será que o caminho para se tornar um "iluminado", a respeito do qual tantas pessoas falam, conduz realmente as pessoas para a outra margem, para a felicidade? Embora muitos tenham abandonado suas vidas materialistas e se livrado das dificuldades de uma vida desperdiçada em constantes lutas, o que conseguiram? Será que alcançaram a iluminação? Será que conseguiram entrar num mundo de verdadeira tranquilidade após deixarem este mundo, livres do mundo de sofrimentos? Ninguém jamais foi capaz de comprovar isso. Será que não estiveram simplesmente se iludindo, incapazes de confirmar se estavam ou não seguindo o caminho correto?

Gautama também refletiu muito sobre si mesmo. "Já se passaram vários anos desde que saí de Kapilavastu. Fico imaginando se meu pai, o rei Shuddhodana, minha madrasta Mahaprajapati e as pessoas da corte estão bem. Como minha esposa Yashodhara deve estar triste! Como será que anda meu único filho Rahula? Renunciei aos meus deveres mundanos e rompi os laços familiares para buscar a iluminação, mas será que conseguirei alcançar a iluminação? Será que alguma vez me aproximei da iluminação ou me tornei uma pessoa melhor? Será que compreendi o propósito ou a missão da vida?"

Porém, por mais que tentasse abandonar seus desejos mundanos, o apego que sentia por eles era cada vez maior. Quanto mais se esforçava para esquecer suas relações com os outros, mais se preocupava com eles. Apesar de continuar a ouvir o som da água gotejando do teto da gruta de calcário onde ficava sentado, reduzido a pele e osso, não conseguia parar de refletir profundamente se o caminho que estava seguindo era de fato o correto caminho para a iluminação.

Com o passar dos dias, ele mal conseguia conter os pensamentos que insistiam em invadir sua mente, fazendo-o duvidar de quanto tempo conseguiria resistir e manter firme sua resolução. Até começou a imaginar se já não seria hora de voltar ao palácio real, seu antigo lar. Quando tentava bloquear esses pensamentos, via-se muitas vezes quase perdendo a consciência.

5

A Garota do Vilarejo

Gautama então abandonou sua caverna em Gayasisa (ou Pico da Cabeça do Elefante), perto de Gaya, capital do antigo reino de Magadha, e caminhou em direção ao rio Nairanjana. No vilarejo de Uruvilva-Senani, às margens do rio, ele entrou numa nova fase de sua disciplina espiritual. O vilarejo, hoje conhecido como Sujata, é um lugar de paisagem muito bonita, com uma brisa refrescante, cenário ideal para suas práticas de autodisciplina. As florestas eram lindas e havia um riacho cristalino com tamanha abundância de água que às vezes quase carregava o corpo debilitado de Gautama quando se banhava nele.

Certo dia, Gautama ouviu a voz de uma garota cantando na outra margem do rio. Havia algo naquela voz que o fizera se lembrar do mundo onde vivera, tão caro ao seu coração, e que, ao mesmo tempo, soava como uma canção celestial. Era uma cantiga tradicional indiana, que falava de um instrumento musical de cordas semelhante a um alaúde. A canção dizia: "...as cordas do alaúde arrebentam quando são esticadas demais. Quando frouxas, o som que produzem é desafinado. Somente quando as cordas estão adequadamente esticadas emitem o mais belo som. Dance, dance ao som das cordas. Dancemos, dancemos ao som das cordas..."

Ao ver a jovem cantando, Gautama ficou impressionado com a diferença entre sua aparência e a dela. Aos seus olhos, a moça parecia um anjo, com cabelos dourados e olhos brilhantes, o corpo cheio de vitalidade, e sua presença emanava uma agradável fragrância que destoava da imagem de uma simples camponesa. Gautama, ao contrário, tinha o corpo reduzido a pele e osso, parecendo mais um esqueleto. Trazia os olhos fundos e suas costelas eram nitidamente visíveis. Parecia que sua vida estava chegando ao fim, apesar de estar com apenas trinta e cinco anos.

Quando a moça viu Gautama, veio correndo pela ponte na direção dele, apresentou-se como Sujata e ofereceu-lhe uma tigela de mingau de leite. No momento em que provou o mingau, sentiu lágrimas quentes escorrerem pelo seu rosto. Mesmo não se parecendo em nada com um prato requintado, o mingau teve um sabor celestial para Gautama, que havia sobrevivido até então à base de frutos silvestres e raízes. Poder-se-ia dizer que suas lágrimas eram de vergonha pelo próprio estado em que se encontrava, sentindo o vazio de estar completamente imerso às práticas ascéticas e tendo abandonado o prazer de viver. Ele disse a si mesmo: "O que pode haver de belo nessa forma de aprimoramento se, através dele, estou reduzido a pele e osso, correndo o risco de acabar com a minha própria vida? Que valor poderia haver nisso? Provavelmente aquela garota nunca pensou em iluminação; talvez nunca tenha estudado nenhuma doutrina religiosa, tampouco praticado algum tipo de ascese, mas como pode ela brilhar tão intensamente, como se fosse um anjo celestial?" A diferença entre os dois é a mesma entre uma pessoa que continua vivendo e segue em frente e alguém que está caminhando para o fim da vida. Ao chorar copiosamente, surpreendeu-se com o fato de que seu corpo ainda conseguia produzir lágrimas. Tornou-se consciente então dos sentimentos de tristeza e de solidão que preenchiam seu coração, como alguém que está prestes a abandonar a vida e com intenção de morrer. Esse encontro com a garota do vilarejo deu a Gautama a chave para seu próximo passo. Faltavam poucos meses para ele completar trinta e seis anos de idade.

6

O Desejo de Viver

O encontro com Sujata trouxe a Gautama a importante mensagem que ele precisava receber para se fortalecer. As lágrimas que rolaram por seu rosto foram como um adeus ao passado. Quando o mingau de leite chegou ao seu estômago, produzindo uma sensação de força e abundância, ele ficou consciente de que a abstenção de comida não levava necessariamente à Verdade. Pensou então que, do ponto de vista do alimento, devia ser uma alegria poder alimentar as pessoas e ser usado para um plano mais elevado de atividade humana, porque desse modo ele não estaria sendo desperdiçado.

Gautama pensou: "Tudo nesse mundo deve existir como material para servir à realização de algo mais elevado. Julgar as coisas materiais como insignificantes porque elas fazem parte deste mundo talvez seja mera arrogância da parte daquele que busca a Verdade. É claro, se os bens materiais forem deixados como estão, não poderão produzir nenhum resultado, mas talvez seja uma boa ideia encarar a matéria deste mundo como ingrediente para cozinhar. Se o Divino nos observa, Ele provavelmente fica satisfeito quando nos vê transformar esses ingredientes em pratos esplêndidos".

A frase "O alaúde soa bem quando suas cordas estão adequadamente esticadas" trouxe à mente de Gautama uma verdade bem conhecida, de que se as cordas estão tensionadas demais elas podem estourar, mas se estão muito frouxas, o som resultante não será harmonioso. Ele pensou: "Bem, provavelmente eu sou como uma corda que foi esticada até o máximo, a ponto de o menor toque poder rompê-la. Esse estado nunca poderá produzir música boa de verdade. Tenho me submetido a uma disciplina rigorosa demais para alcançar a iluminação, mas esse tipo de vida não tem o mesmo valor que o de uma garota que vive de jeito bem natural. Se a porta dos céus se abrisse agora, e a escolha fosse entre Sujata e eu, sem dúvida a porta se abriria para ela, não para mim, que pareço alguém saído do inferno. Se me for permitido viver um pouco mais, mesmo que apenas alguns anos, gostaria de recuperar meu corpo e encontrar o verdadeiro sentido da vida neste mundo, não só uma compreensão pela negação, mas também de acordo com um sentido positivo".

O exato momento em que esse entusiasmo pela vida brotou de dentro dele pode ter marcado o primeiro passo de Gautama no caminho da iluminação, no seu aspecto mais verdadeiro.

Ele não teve alternativa a não ser colocar em dúvida que só fosse possível obter a iluminação por meio da disciplina ascética. Se continuasse com aquela austeridade tão radical, pensou ele, simplesmente morreria, e se os seres humanos nasciam apenas para morrer, então a vida humana neste mundo não tinha o menor sentido.

Juntando as mãos e fazendo uma reverência a Sujata para expressar sua gratidão, Gautama despediu-se e continuou seu caminho. Ao olhar em volta, via agora sinais de vida por toda parte. A grama, as flores, as árvores, tudo era cheio de vida, e ele percebeu então que andara tão preocupado com sua disciplina que negligenciara a observação do vigor da natureza ao redor dele.

"A pequenina flor à beira da estrada acrescenta beleza à natureza, e se ela decidisse apenas murchar até desaparecer, este mundo seria um pouco menos bonito. E se todos os animais se cansassem de viver e decidissem morrer o mais cedo possível? E se as vacas e cavalos decidissem apenas perder peso, e se recusassem a comer? E se não quisessem mais procriar?" Pensamentos como esses percorreram sua mente.

7

Harmonizando o Coração

A partir de então, Gautama passou a aceitar ofertas de comida. Costumava ficar naquele local que escolhera, o bosque de Uruvilva. Duas vezes por dia, de manhã cedo e de novo à tarde, fazia seu percurso regular pelas casas dos aldeões para pedir esmola, e aceitava com gratidão a comida que as pessoas respeitosamente lhe ofereciam.

Assim que decidiu aceitar essas ofertas, descobriu que a paz e a harmonia se desenvolviam dentro dele. Andara preocupado demais em ser independente, para coletar comida ou para obter outras coisas de que precisava, e se recusara a aceitar qualquer ajuda dos outros. Compreendendo que desse modo vivia num estado constante de extrema tensão, tal como as cordas de um alaúde que tivessem sido esticadas demais, lembrou a si mesmo da importância da moderação. Na sua posição de devoto buscador da Verdade, não tinha, é claro, como satisfazer suas necessidades diárias por si mesmo. Portanto, decidiu aceitar sua situação e passou a pedir esmolas, sem colocar nenhuma pressão indevida sobre si mesmo, e abandonando todas as veleidades, em vez de ficar mentindo a si mesmo, fingindo que não tinha de fato nenhum apetite.

Na Índia, acreditava-se que prestar auxílio àqueles que haviam abandonado sua vida mundana era uma maneira de acumular tesouros no céu. Assim, para as pessoas devotas, fazer doações era um costume cerimonial e, ao mesmo tempo, uma disciplina para acumular boas ações enquanto praticantes leigos de uma fé religiosa. Nesse cenário, Gautama passou a aceitar de bom grado as doações. Exceto pelo tempo que gastava recolhendo esmolas, dedicava-se inteiramente a aprofundar seus pensamentos, em busca da iluminação.

À medida que sua preocupação excessiva com a independência e sua tensão extrema desapareciam, Gautama percebeu em seu rosto um certo relaxamento; conseguia agora sorrir de novo. Conforme seu corpo, que fora reduzido a pele e osso, se recuperava, a energia e a vitalidade voltaram. Percebeu o quanto estivera enfraquecido e subjugado por pensamentos passivos e negativos. Ao se tornar mais calmo diante da vida, ficou surpreso ao ver a precisão com que era capaz de observar os outros.

Concluiu então que precisava olhar para a vida das pessoas e ser capaz de dar a cada uma o conselho adequado, e também fazer uma avaliação acurada de si mesmo. Queria compreender o sentido desse mundo e da vida humana, e ter a experiência real da iluminação que tantos ascetas buscavam. Queria saber o que significava realmente ser um Buda ou um iluminado, e compreender o estado de um Buda.

Gautama ouviu então uma voz dentro dele que dizia: "Desista desta sua antiga vida e tome um novo rumo", e então partiu para fazer seu caminho. Agora que decidira aceitar doações das pessoas, não importava mais onde morava. Antes, escolhera viver onde houvesse frutas silvestres ou raízes comestíveis, mas agora que vivia do que as pessoas lhe davam, não precisava mais se preocupar com isso. Passou a olhar o mundo e a observar o coração das pessoas, a fim de aprofundar sua iluminação. Com essa intenção, partiu em viagem. Vários dias mais tarde, chegou a uma cidade chamada Gaya.

8

A Batalha contra o Mal Interior

Gaya era uma cidade de tamanho razoável, com ruas comerciais relativamente movimentadas e uma população de alguns milhares de pessoas. Foi nesta cidade que Gautama assumiu a vida de mendicância. De dia recolhia doações e do anoitecer ao amanhecer reservava tempo para sua busca de iluminação. Estabeleceu a regra de começar a meditar ao pôr do sol, sob um grande pipal ou figueira-da-índia (também conhecida como *asvattha*), não muito longe do rio. A árvore era imensa, a ponto de duas pessoas de mãos dadas não conseguirem circundar seu tronco com os braços estendidos, e lhe oferecia amplo abrigo.

Ele se concentrou principalmente na meditação reflexiva. Ficar apenas de olhos fechados tentando dirigir a mente a um único pensamento era um convite à intervenção de espíritos malignos, por isso, a fim de conseguir harmonia mental, punha o foco em refletir sobre aquilo em que pensara e fizera desde que era uma criança pequena. Quando deparava com situações em que havia agido contrariamente à sua consciência, tentava corrigi-las.

A reflexão prosseguia e a esta altura ele já rememorava o período de seus quase trinta anos. Nesse ponto, Gautama viu que era impossível encontrar uma solução para um pensamento particular que oprimia sua mente, por mais que tentasse esclarecê-lo. Era a lembrança de sua esposa Yashodhara e seu filho Rahula. Os rostos dos dois assombravam-no e o faziam ficar imaginando o quanto seu filho já teria crescido, se sua mulher estaria bem ou não, e se ela ainda lamentava sua ausência. Isso o perturbava terrivelmente.

Por essa época, começara a se abrir no coração de Gautama uma janela para o caminho espiritual, e ele conseguia ouvir vozes de seres do mundo espiritual. Um dia, sentado em meditação sob a figueira, uma voz começou a falar com ele, dentro de seu coração.

"Gautama, eu sou Brahma e estou falando com você. Você passou seis anos de vida austera, procurando a iluminação, mas veja só o que obteve como resultado de tanto esforço. Parece que só conseguiu provar que é uma pessoa comum. Veja, você negligenciou os requisitos básicos do ser humano, que são casar, constituir uma família e viver feliz com a esposa e os filhos. Mas olhe para você. Abandonou sua família e abriu mão da felicidade que isso poderia lhe trazer, com o único propósito de ficar sentado em meditação sob uma figueira. Sua vida é totalmente sem sentido. Você está errado. Volte ao palácio de Kapilavastu de uma vez e faça sua mulher e seu filho felizes. Viver feliz com eles irá abrir-lhe o caminho para uma grande iluminação."

"Um ser humano nunca poderá experimentar felicidade na próxima vida se não tiver desfrutado inteiramente desta vida aqui. Obtenha o máximo de prazer que desejar neste mundo. Desfrute dele tão inteiramente quanto quiser. Quanto maior for sua alegria, maior será a felicidade que experimentará na próxima vida. Você está realmente aproveitando sua vida o suficiente? Desfrute da sua vida familiar ao máximo. Permita-se um estilo de vida mais rico e elegante. É desse modo que você deve conduzir sua autodisciplina nesta vida."

Gautama viu alguma verdade no que aquele espírito lhe dizia. A observação era não só razoável e convincente, como tocava num ponto sensível. Ele se sentia arrependido por ter abandonado a mulher, e ainda alimentava um forte apego ao pai, à madrasta e a outras pessoas que o haviam criado amorosamente. O fato de não ter sido bom filho, bom marido ou bom pai não podia ser negado, não importa o quanto ele tentasse se arrepender. Sua mente era tomada por isso e ele ficava imaginando se não seria o caso de voltar para casa, para o palácio Kapilavastu, e suceder o pai no trono. Mas a última observação do autoproclamado Brahma chamou sua atenção: "Quanto mais você desfrutar desse mundo, mais prazer irá obter na próxima vida". Gautama sentiu que havia algum problema com a lógica, embora tudo estivesse disfarçado com muito cuidado.

Passou então pela sua mente que aquele seu apego a esse mundo, ainda muito arraigado nele, poderia ter sido aproveitado por aquele ser que, embora se apresentasse como Brahma, na verdade devia ser um demônio. Gautama descobriu então a verdadeira identidade daquele ser e gritou: "Você deve ser um demônio. Você diz ser Brahma, mas com toda certeza não é. Admita que é um demônio, que se dedica a iludir aqueles que estão se aperfeiçoado espiritualmente. Você é Mara Papiyas, o demônio; você não consegue enganar meus olhos". No instante em que Gautama disse isso, a voz mudou e deu uma risada aguda. Muito bem, Gautama, você descobriu. Vejo que avançou bastante no seu treinamento espiritual! Boa sorte na sua disciplina espiritual, e viva uma vida inútil!"

O incidente serviu como um aviso muito forte para Gautama, de que o demônio na realidade estava dentro do seu próprio coração. Portanto, o problema não era bem o demônio, e sim a fragilidade ou a obsessão que persistiam nele e que atraíam um espírito do mal. A menos que se livrasse de seus apegos, não iria conseguir um estado de serenidade interior. Até mesmo pensamentos bem naturais e humanos, sobre sua esposa e filho, seu pai e sua mãe, quando persistiam e se transformavam em apegos obsessivos, iriam causar-lhe sofrimento. E através desse ponto frágil o demônio encontrara um jeito de entrar em seu coração.

Como consequência, o principal objetivo da autodisciplina de Gautama passou a ser livrar-se de apegos. Essa experiência trouxe-lhe a oportunidade para pensar profundamente em se livrar dos apegos que existiam no mundo da mente, o que era diferente de abrir mão do desejo de comer, ou de se contentar com comida e roupas humildes.

9

A Grande Iluminação

Após seu enfrentamento com o demônio chamado Mara Papiyas, Gautama compreendeu que qualquer desejo mundano pode ser um convite aos demônios. Na essência mais íntima da mente de uma pessoa, nos recessos do subconsciente, há espíritos guardiões e espíritos guias, mas o mal também espreita ali. O mal é atraído por pensamentos obscuros, que jazem ocultos na mente da pessoa, e se alimenta deles. Sempre que o mal encontra a oportunidade de surpreender uma pessoa com a guarda baixa, ele tem a ambição de assumir o controle da mente dela e manipulá-la.

Em sua meditação reflexiva, Gautama continuou a alcançar estados cada vez mais refinados. Aprendeu que qualquer que fosse o tipo de pensamento que tivesse, quando sua mente parava e se concentrava num único pensamento, e se apegava a ele, isso acabava provocando sofrimento. Ele entendeu que "A mente deve sempre ficar livre de apegos, como um riacho de montanha que corre livremente, sem restrições. Se a mente se concentra num único pensamento qualquer, seja ele bom ou mau, ela perde a liberdade. Como resultado, o ponto de estagnação vira um alvo fácil para o mal. Mas essa situação não deve ser deixada assim. É melhor eu abandonar qualquer sentido de obrigação e entrar num estado mental mais livre, mais aberto, mais rico e mais sereno".

Quando Gautama terminou de refletir sobre sua vida inteira de quase trinta e seis anos, descartando todos os pensamentos negativos que constituíam alguma obsessão para sua mente, ele se tornou livre de apegos. Uma grande sensação de paz o envolveu. Era uma sensação totalmente diferente da anterior, quando Mara aparecera. Sentiu o calor de uma luz celestial fluindo em seu peito, e foi nessa hora que Gautama ouviu de fato a voz de Brahma.

"Gautama, estamos felizes por você ter finalmente alcançado a iluminação. Estivemos zelando por você, e por muito tempo esperamos que alcançasse esse primeiro nível de iluminação. Sem ele, você não poderia cumprir sua missão nesta vida. Ficamos muito preocupados quando você mergulhou numa vida de luxúria e de prazeres mundanos. Também ficamos preocupados logo depois que começou suas austeridades, receando que pudesse morrer de desnutrição ou cometer suicídio. Mas você superou as dificuldades e alcançou esse estágio, no qual é capaz de ouvir nossas vozes. Estamos muitos felizes."

A voz na realidade era das almas-irmãs de Gautama que haviam encarnado na Terra no passado, Rient Arl Croud, Hermes e outras. Elas apareceram sob o nome de "Brahma", como uma forma de se adequarem às crenças da Índia daquela época. Tendo agora a capacidade de ver passado, presente e futuro, Gautama penetrou nos segredos da origem do universo, viu o nascimento e a história do planeta Terra, o surgimento e a queda de civilizações, suas próprias encarnações passadas e a história futura da humanidade. Quando sua mente se aquietou, já livre de apegos, ele experimentou seu corpo espiritual se expandindo para se tornar tão grande quanto o universo inteiro, deixando seu corpo físico para trás, na figueira. Essa experiência distingue aquele que abriu a porta do reino da mente, e é prova de que a pessoa captou inteiramente a sensação da perfeita liberdade da alma por meio dos sentidos espirituais. Terei outra oportunidade de falar mais detalhadamente sobre essa experiência de Gautama, mas em resumo posso dizer que sua compreensão de que a alma e o corpo físico são coisas diferentes marcou o primeiro passo para sua grande iluminação.

10

O Primeiro Grande Avanço

Gautama então atingiu sua iluminação inicial sob a figueira (aquela que ficou conhecida como árvore de Bodhi, que significa "árvore da iluminação"). Depois que se experimenta o mais alto grau de iluminação, é natural querer permanecer nesse nível, mas as pessoas tendem a se perder na vida comum, cotidiana. Gautama não foi exceção.

Ao alcançar a iluminação e se tornar o que conhecemos agora como o Buda, Gautama achou que devia transmitir o que havia compreendido para o maior número possível de pessoas, e o mais rápido possível. Sentiu que se guardasse a experiência para si, sua vida teria sido sem sentido; então, quando saía para pedir doações, e ao recebê-las, aproveitava para revelar às pessoas que conseguiu obter a iluminação, compartilhando sua experiência com elas. Mas ninguém se dispunha a ouvir. As pessoas diziam que ele devia estar louco, e que era muito convencido, pois elas acreditavam que a iluminação só podia ser alcançada quando a pessoa estudava com algum mestre.

Seu desejo de transmitir aquela arrebatadora experiência de iluminação aos outros era tão intenso que ele partiu à procura dos cinco ascetas que conhecera antes para contar-lhes. Eles estavam agora estudando com um eremita, Udraka-Ramaputra, e quando testemunharam que Gautama alcançara o mesmo nível de iluminação que seu professor em tão pouco tempo, decidiram abandonar seu mestre e seguiram Gautama em busca do aperfeiçoamento espiritual.

Foi assim que ele começou a ensinar a Lei, mas antes disso já manifestara seu desejo de transmitir as coisas de que se tornara consciente por meio de sua iluminação. A partir desse seu desejo de transmitir o que havia experimentado àqueles que estavam seguindo a mesma trilha em busca da iluminação, ele deu seu primeiro passo adiante. Ao pensar consigo mesmo: "Este deve ser o início da transmissão da Verdade, este deve ser o primeiro giro da Roda do Darma", seu coração bateu rápido e ele sentiu uma força pulsando em suas veias. Somando o desejo de transmitir a Verdade aos outros com o outro desejo, de alcançar um nível mais profundo de iluminação, ele sentiu que não podia ficar sentado, nem mesmo por um dia.

Capítulo Dois

A Descoberta dos Oito Corretos Caminhos

1

O Que São os Oito Corretos Caminhos?

Neste capítulo, abordarei o conceito dos "Oito Corretos Caminhos", que é um dos mais conhecidos ensinamentos de Shakyamuni.

Quando atingiu a iluminação, Gautama já havia elaborado o conceito do que mais tarde ficaria conhecido como "Os Oito Corretos Caminhos", mas ainda não tinha conseguido criar uma metodologia para seu estudo. Foi preciso um ano para que ele pudesse disseminar esse ensinamento da forma como é conhecido atualmente.

Ao longo de um ano após ter-se iluminado, Buda foi aprofundando cada vez mais seu pensamento por meio das conversas mantidas com seus discípulos mais próximos e outras pessoas com quem se encontrava. Ele começou a sentir que, para propagar a iluminação que havia obtido, seria preciso criar um método que tocasse o coração das pessoas. Ele se conscientizou também da necessidade de pregar a Verdade de uma maneira que se diferenciasse da utilizada pelos religiosos da época.

Como resultado de sua profunda e cuidadosa contemplação, Buda Shakyamuni chegou à conclusão de que seus ensinamentos deveriam estar fundamentados num objetivo principal, que era a aquisição de um "correto" coração. E como podemos alcançar esse estado, o de um "correto" coração? Para que nosso coração tenha afinidade com um estado "correto" de coração, devemos examiná-lo a partir da comparação com um estado mais plácido, um estado de coração mais próximo de Deus. Shakyamuni chamou esse estado de natureza búdica ou Verdadeiro "Eu".

Em nossa vida cotidiana, entramos em contato constante com outras pessoas e com um fluxo incessante de diferentes pensamentos. Isso faz com que seja difícil conhecermos nosso verdadeiro "eu" interior. Entretanto, quando nos isolamos da vida cotidiana e nos afastamos dos outros e de suas vibrações, e refletimos profundamente a respeito do nosso próprio coração, podemos entrar em contato com nosso "eu" interior, nosso verdadeiro "eu". Quando estamos com outras pessoas, procuramos agir como se estivéssemos representando um papel, seja por vaidade ou para compensar algum tipo de sentimento de inferioridade, mas quando ficamos sozinhos e nos colocamos em estado meditativo, entramos em contato com a parte verdadeira e honesta de nós mesmos. Essa é a parte mais pura de nossa alma, que está conectada a Deus. O ponto de partida dos Oito Corretos Caminhos está em analisarmos nossos próprios pensamentos e atos a partir da perspectiva do nosso verdadeiro "eu".

Buda Shakyamuni estabeleceu oito pontos para a verificação de nossos pensamentos e atos: Correta Visão,

Correto Pensamento, Correta Expressão, Correta Ação, Correta Vida, Correta Dedicação, Correta Mentalização e Correta Meditação. Ele acrescentou o termo "correto" aos oito direcionamentos de nossa mente e às ações do corpo físico: visão, pensamento, expressão, ação, modo ou estilo de vida, esforçar-se diligentemente (dedicar-se), usar o poder do pensamento (mentalização) e meditação. Decidir o que seria "correto" nos Oito Corretos Caminhos não significa simplesmente julgar se estamos certos ou errados a partir da comparação de nossos pensamentos e atos com um conjunto de comportamentos ou padrão de comportamento. O que seria o estado "correto" de um coração somente poderá ser verificado através de uma profunda contemplação.

Shakyamuni praticava regularmente a autorreflexão, ao anoitecer ou no início do dia. Conforme examinava seus próprios pensamentos e atos, levando cerca de vinte minutos para verificar cada um dos oito itens, Shakyamuni sentia que seu coração se tornava cada vez mais leve enquanto ia sendo purificado.

2

Os Mistérios da Autorreflexão

Tendo apresentado os Oito Corretos Caminhos como um método para a autorreflexão, gostaria de explicar por que sua prática se faz necessária. A reflexão é um método pelo qual podemos recuperar o autêntico "eu" interior, o verdadeiro "eu" radiante do Mundo Espiritual. Você já deve saber que além deste mundo material existe uma estrutura multidimensional formada pela quarta, quinta, sexta, sétima, oitava e nona dimensões e, da sétima dimensão em diante, a alma humana emite um brilho genuíno e possui uma luz muito intensa. O método de reflexão descrito por Shakyamuni pode ser apresentado como um procedimento para atingir o estado do Mundo dos Bodhisattvas (Bosatsus, no budismo japonês) ou anjos da sétima dimensão.

A primeira etapa para atingir o nível dos Bodhisattva é a eliminação das impurezas que encobrem sua alma, permitindo que ela volte a emitir luz. Somente depois de ter atingido o estado em que sua alma possa emitir intensamente seu brilho natural você poderá ajudar o próximo. Compartilhar com o próximo o que você alcançou e ajudá-lo é a missão de um Bodhisattva, mas antes de se tornar capaz de ajudar o próximo, é preciso que você assuma o comando do seu próprio coração.

Vou exemplificar esse conceito com exemplos tirados do cotidiano. Vamos supor que você queira secar alguns pratos que acabaram de ser lavados. Se você utilizar um pano de prato que esteja sujo, por mais cuidadoso que seja seu trabalho, seus esforços serão inúteis. A primeira coisa que você precisa fazer é usar um pano limpo. Da mesma maneira, se você quiser limpar o chão, precisará utilizar um pano limpo. Um outro exemplo seria o momento de se vestir. Por mais belo que seja seu traje, se você não tiver trocado as roupas de baixo ou não tiver tomado banho há vários dias, não conseguirá causar uma boa impressão. Ou ainda, no caso de um professor, se ele não estiver suficientemente preparado, por mais que tente ensinar seus alunos, é muito provável que eles não consigam progredir nos estudos.

Com esses exemplos, procurei mostrar que, embora seja relativamente fácil ter pensamentos altruístas, você não conseguirá beneficiar e ajudar verdadeiramente o próximo sem antes estar preparado. Por isso, é essencial ter dado o primeiro passo, ou seja, "limpar" sua própria alma, para que sua luz interior possa brilhar intensamente. Este é um dos segredos da reflexão.

Todo ser humano possui completa autonomia em relação ao estado do próprio coração. Antes de conseguir alcançar qualquer resultado concreto no esforço de ajudar o próximo, é absolutamente essencial que você tenha experimentado a sensação de ter o coração aliviado ao eliminar as impurezas que o encobriam. Com isso, uma forte luz irá brilhar no seu interior, e somente depois que isso ocorrer você poderá ensinar aos outros o que é a reflexão.

Pode ser que esse conceito seja mal-interpretado e pareça uma atitude egoísta, mas, a menos que você esteja pronto para melhorar a si mesmo, não poderá sequer assumir seu lugar na fila dos estudantes das Leis da Verdade. Aqueles que não desejam melhorar a si próprios não possuem a qualificação necessária para o estudo da Lei. Para tais pessoas, a Lei não tem nenhum significado ou valor; a exemplo do que consta na Bíblia, é o mesmo que "dar pérolas aos porcos".

3

Correta Visão

O primeiro dos Oito Corretos Caminhos é a Correta Visão. De maneira simplificada, ter uma visão correta significa enxergar esse mundo sem distorções, sem nenhum tipo de preconceito, mas com uma profunda sabedoria espiritual. Todos os sofrimentos humanos parecem ser decorrentes da visão. Pode-se dizer que, se você não conseguisse enxergar, estaria menos propenso a cometer pecados, uma vez que os desejos são aumentados com as informações que nos chegam pela visão. Por exemplo, os desejos ligados a outras pessoas, especialmente do sexo oposto, ao dinheiro, às joias e aos pratos mais requintados.

É importante que saibamos classificar toda a informação visual que recebemos diariamente, pois elas mexem com nossas emoções. Para tanto, é preciso refletir sobre si mesmo com calma, ao final do dia. Respire de maneira profunda e mantenha essa respiração. Quando você atinge um estado no qual se sente uno com Buda, ou Deus, a luz celestial chega até você por um tubo dourado que o conecta ao Mundo Celestial; analise objetivamente tudo o que viu ao longo do dia, observando a si mesmo como se estivesse olhando para uma pessoa desconhecida.

A "visão" da Correta Visão pode também levar a decisões sobre como você interpretou o que viu. Cada pessoa interpreta de uma maneira diferente as ações dos outros. Vou dar um exemplo que talvez você possa vivenciar no trabalho. Vamos supor que um novato faça uma sugestão que envolva o planejamento estratégico de toda a empresa. O modo como essa sugestão será interpretada varia de pessoa para pessoa.

Se você fosse o supervisor desse novo funcionário, poderia interpretar positiva ou negativamente essa sugestão. Se você tiver a tendência de enxergar as coisas pelo lado positivo, pode considerá-lo um funcionário audaz, avançado e promissor. Por outro lado, se tiver a tendência de enxergar o lado negativo das coisas, pode achar que está cedo demais para um novato como ele falar dessa maneira ou que ele é arrogante e não conhece seu lugar, dando palpites quando não é capaz sequer de dominar a própria rotina de trabalho.

Em seguida, é preciso analisar os dois pontos de vista, para descobrir qual deles mais se aproxima dos ensinamentos da Verdade. Se você concluir que é o primeiro, mas perceber que adotou o segundo ponto de vista, precisa então refletir sobre os motivos que o levaram a fazê-lo, ou seja, por que você está nutrindo sentimentos negativos em relação ao novo funcionário. Quando conseguir identificar os motivos básicos que o levaram a ter uma visão negativa dessa pessoa, poderá descobrir que a origem dessa postura está em algo completamente inesperado.

Pode ser que o motivo fundamental de sua visão negativa a respeito do novo funcionário seja uma reação às críticas que você mesmo sofreu quando também era um novato, ou então que ela é um reflexo decorrente da sua própria fraqueza, da sua incapacidade de se comunicar e expressar suas próprias opiniões. Quando tiver descoberto os motivos da sua reação, o próximo passo será eliminar esse tipo de pensamento negativo por meio da reflexão. A reflexão da Correta Visão compreende todo esse processo.

No conceito tradicional do budismo, a Correta Visão pode ser explicada como a observação da situação segundo as Quatro Nobres Verdades (o sofrimento, a causa do sofrimento, a extinção do sofrimento e caminho para se extinguir o sofrimento) e a análise dos fatos segundo a lei de Causa e Efeito.

4

Correto Pensamento

O segundo caminho é o Correto Pensamento. A reflexão baseada no Correto Pensamento consiste em analisar a si mesmo para verificar se seu pensamento está baseado na Verdade Búdica, isto é, nos ensinamentos da Verdade Divina. Na realidade, são poucas as pessoas que conseguem analisar o que pensam de maneira objetiva, do ponto de vista de Buda ou Deus. No entanto, se você for capaz de praticar o Correto Pensamento, 70% ou mesmo 80% de todo o processo de reflexão já estará concluído.

Os pensamentos surgem em nossa mente a todo instante. Os mais diferentes pensamentos parecem ir e vir como as ondas do mar, sem seguir nenhuma regra específica ou direção, mas se você quiser de fato conhecer determinada pessoa, basta analisar os pensamentos que ela costuma ter.

Se você estiver interessado em aprimorar a si mesmo, a única coisa que precisa fazer é se esforçar ao máximo para refinar e purificar os próprios pensamentos. O que você faz pode ser visto pelas pessoas, mas isso não ocorre com os pensamentos. Pode haver um abismo enorme entre os pensamentos de duas pessoas, e o que você pensa e o que uma outra pessoa pensa pode ser completamente diferente. Se houvesse uma pequena porta para o seu coração que pudesse ser aberta com uma chave, de forma que tudo o que você pensasse pudesse ser visto pelos outros como se fosse uma TV, todos saberiam instantaneamente que tipo de pessoa você é.

Se seu coração está sempre repleto de pensamentos inúteis, preenchido de pensamentos sem valor, saiba que você está levando uma vida completamente vazia. Por outro lado, se sua mente estiver cheia de pensamentos maravilhosos, pode-se dizer que você está levando uma vida maravilhosa. Na realidade, melhorar a qualidade dos seus pensamentos acabará contribuindo também para a purificação deste mundo. Se cada pessoa da Terra procurar refinar e purificar os próprios pensamentos, este mundo se tornará um lugar melhor para se viver e, ao mesmo tempo, isso contribuirá para a extinção do inferno.

O primeiro passo importante que você precisa dar é saber exatamente no que está pensando. Portanto, reserve algum tempo ao longo do dia para ver o que anda passando pela sua mente. Se verificar que está nutrindo pensamentos errôneos, admita o fato e procure corrigir os erros que cometeu em sua maneira de pensar. Além disso, no final do dia, reserve tempo também para ficar em silêncio e refletir sobre os pensamentos que ocuparam sua mente. Por exemplo, pode ser que você tenha conseguido evitar falar mal de alguém. Nesse caso, você teria conseguido observar o ensinamento da Correta Expressão, mas se você ficou remoendo os pensamentos negativos em relação àquela pessoa, precisa fazer algo para corrigir tais pensamentos e esse estado indesejável do coração. Se criar o hábito de analisar regularmente e controlar seus pensamentos, conseguirá aos poucos se aprofundar na reflexão. Convém notar que, no budismo tradicional, o Correto Pensamento é definido como uma firme determinação de aprimorar-se continuamente para atingir a iluminação e fazer sempre julgamentos corretos nos assuntos do cotidiano, em qualquer situação.

5

Correta Expressão

A seguir, nos Oito Corretos Caminhos, temos a Correta Expressão. Quando falei a respeito da Correta Visão, disse que o fato de termos uma visão incorreta pode acabar prejudicando nosso coração. Além disso, por meio da expressão podemos ser envenenados, envenenar alguém e espalhar o veneno ao nosso redor. Na verdade, grande parte do sofrimento humano está relacionada às palavras. As palavras que uma pessoa lhe dirige podem fazê-lo sofrer, e aquelas que você profere podem causar sofrimento a alguém. Elas também estão muito relacionadas à felicidade ou infelicidade dos seres humanos e, se as palavras que as pessoas emitem forem devidamente "refinadas", este mundo terreno se tornará um local ideal para viver.

No Mundo Espiritual, quanto mais elevado for o reino ao qual determinado espírito pertence, maior sua capacidade de refinar a vibração de suas palavras. No mundo dos espíritos, é quase impossível encontrar um espírito falando mal de outro. Embora possa haver críticas, elas ocorrem sobretudo para que sirvam de ajuda aos outros e têm como objetivo orientá-los sobre o melhor caminho a seguir. Nas dimensões superiores do

Mundo Celestial, ninguém emite palavras que contenham ódio ou ressentimento.

As palavras podem ser um ótimo indicador do caráter da pessoa que as pronuncia; por isso, um excelente ponto de verificação da prática da reflexão é analisar as palavras que você usou durante o dia. Ao praticar a reflexão da Correta Expressão, você deverá se lembrar de rever as palavras que usou ao longo do dia. Quando você diz alguma coisa, geralmente o faz na presença de alguém; portanto, para fazer essa reflexão, basta se lembrar das pessoas com quem teve contato durante o dia e verificar o que disse enquanto esteve com elas.

Se você não se sentir bem, estiver deprimido ou preocupado com alguma coisa, estará mais propenso a utilizar palavras negativas. Palavras negativas são aquelas que não trazem felicidade a quem as ouve, que magoam, ferem, deprimem, lançam uma nuvem sobre o futuro daqueles que as escutam. Emitir palavras negativas, portanto, é equivalente a aumentar a infelicidade que já existe neste mundo. Se você estiver mal-humorado e não conseguir levantar seu astral, o problema é seu, mas no momento em que fala de sua infelicidade, influencia negativamente os outros. É como se você estivesse espalhando os germes da infelicidade. Se alguém for atingido por essas palavras negativas logo pela manhã, ficará contaminado durante todo o dia e acabará espalhando esses germes para outras pessoas.

Refinar a vibração das palavras que você usa é um aprimoramento muito importante. Você deve usar boas palavras, palavras corretas, palavras que estejam em sintonia com a vontade do Buda Supremo, Deus. Ao refinar as palavras que utiliza, dando continuidade ao seu aprimoramento, você conseguirá atingir níveis cada vez mais profundos de reflexão; começará a refletir sobre o que pensa, pois é no pensamento que as palavras se originam. De uma maneira bastante prática, a Correta Expressão significa falar de forma verdadeira, evitar comentários maldosos sobre os outros, não mentir, não adular e não semear a dúvida ou a discórdia entre pessoas.

6

Correta Ação

Tradicionalmente, o budismo explica a Correta Ação como sendo a proibição da prática de atos criminosos, tais como matar, roubar ou cometer o adultério, mas nos dias atuais, tais atos já são controlados por um sistema legal. Assim, no contexto da sociedade moderna em que vivemos, gostaria de interpretar a "Correta Ação" como o "Correto Trabalho". Vejamos, então, o que isso significa.

No mundo contemporâneo, em que a atividade econômica alcançou uma escala enorme e continua crescendo, é muito importante levar em conta o que significa o correto trabalho. Um ponto crucial nessa análise é o nosso conceito atual de lucro financeiro. Nenhum agente econômico é capaz de continuar existindo se não houver equilíbrio entre a receita e os gastos. Isso se aplica não apenas às empresas privadas, mas também às organizações públicas, que fornecem serviços administrativos e se baseiam na receita decorrente dos impostos. O conceito de trabalho característico do mundo atual é o do trabalho que gera lucro.

Na sociedade moderna, na qual os valores econômicos são considerados tão importantes, que tipo de vida devemos levar? O que seria um trabalho correto e como devemos produzir novos conceitos? De acordo com a abordagem tradicional do budismo, no mundo atual seria praticamente impossível viver em estado meditativo e praticar os Oito Corretos Caminhos. Apesar disso, não podemos simplesmente concluir que devamos viver alienados deste mundo. Embora este mundo agitado dificilmente nos conduza a uma vida meditativa, ele acaba contribuindo para o aperfeiçoamento e para a evolução da alma humana, de uma maneira ou de outra.

Se considerarmos a Correta Ação como sendo o trabalho correto que realizamos, existem dois pontos importantes a examinar. O primeiro é verificar se o objetivo do seu trabalho contraria sua consciência, ou seu verdadeiro "eu". Antes de nascerem neste mundo, todas as pessoas traçam um planejamento no qual o trabalho que irão realizar desempenha um importante papel no seu plano de vida. Por isso, é preciso confirmar se a ocupação à qual você se dedica coincide com seu plano de vida. Se descobrir que seu trabalho atual não possui relação alguma com sua verdade interior mas você continua trabalhando apenas para sobreviver, do ponto de vista espiritual você estará sofrendo. É preciso trabalhar no que for mais condizente com suas habilidades.

Devido ao enorme volume de trabalho realizado numa empresa, a correta designação do papel de uma pessoa na organização, de acordo com suas características pessoais, é um ponto crucial. Embora todos devam ter oportunidades iguais, não significa que todos tenham de executar as mesmas tarefas. O conceito de colocar "a pessoa certa no lugar certo" é extremamente útil para que a organização e seus membros produzam os melhores resultados possíveis.

Em suma, para verificar se você está vivendo de acordo com o conceito do trabalho correto, é preciso determinar se você está empregando no trabalho as suas habilidades e se esse trabalho é condizente com seus valores pessoais.

O segundo ponto a ser examinado é ver se, ao desempenhar seu trabalho, você consegue manter relações harmônicas com as pessoas e se está contribuindo para que a felicidade delas se amplie. Claro, no mundo dos negócios ocorrem diversos conflitos de interesse entre as empresas, mas a concorrência é justificável se contribuir para o bem da sociedade como um todo. Por exemplo, a concorrência entre os fabricantes para desenvolver novos produtos a um custo cada vez menor irá contribuir, a longo prazo, para o desenvolvimento da sociedade. Se houver somente uma empresa vendendo determinado produto para o qual haja uma forte demanda, o monopólio decorrente dessa situação poderá prejudicar o bem da coletividade. Por isso, do ponto de vista da Verdade Búdica, ou Verdade Divina, a concorrência originada por uma boa causa é considerada algo bom. Um modelo de trabalho que cause a discórdia nos relacionamentos humanos ou um negócio que seja claramente prejudicial à verdadeira felicidade das pessoas precisa ser evitado. Devemos almejar a realização de um trabalho que contribua para a felicidade do maior número possível de pessoas e, ao mesmo tempo, nos certificar de que estamos em harmonia com os demais colegas e parceiros. Eis os dois principais pontos a considerar na aplicação atual do conceito da Correta Ação.

7

Correta Vida

A seguir, gostaria de abordar a reflexão sob a perspectiva de "viver uma vida plena", ou seja, "viver corretamente". Para todos nós, sem exceção, um dia consiste de 24 horas e um ano de 365 dias. Além disso, todos iremos algum dia deixar este mundo. A maioria não consegue viver até os cem anos de idade. Boa parte do tempo de um dia precisa ser utilizada para dormirmos, nos alimentarmos e fazermos outras atividades básicas e necessárias à manutenção da vida. A parte do dia que nos resta para o trabalho e o lazer é relativamente limitada.

É inquestionável o fato de que todos temos à nossa disposição a mesma quantidade de tempo em horas num dia. Independentemente de dons e habilidades inatos, para cada um de nós o dia tem sempre 24 horas, e a maneira com que a pessoa usa essas horas determina o tipo de vida que ela irá levar. É bastante justo que as coisas sejam assim. Fazendo uso dessas 24 horas, alguns se tornam líderes de nações, grandes estudiosos e filósofos, enquanto outros chegam ao fim da vida sem nenhuma realização positiva. Analisando sob a perspectiva do tempo, essa diferença ocorre em função de como cada pessoa utilizou o tempo que lhe foi posto à disposição.

Dessa forma, a Correta Vida, o quinto caminho dos Oito Corretos Caminhos, pode ser explicada em termos modernos como o uso correto dessas 24 horas, de cada mês e de cada ano.

Agora gostaria de chamar sua atenção para uma verdade muito importante: se aceitamos que o tempo é tão valioso, é necessário olhar para cada dia de uma nova maneira; precisamos encarar cada dia como se ele fosse a nossa vida inteira, e pensar com muito cuidado em como podemos usar cada uma dessas 24 horas do jeito mais eficiente possível.

Muitas pessoas são tão otimistas que consideram normal estarem vivas hoje por terem vivido ontem, e acreditam que viverão também amanhã. No entanto, não há nenhuma garantia de que você irá viver amanhã. Se sua vida terminasse hoje à meia-noite, o que você faria? Como viveria esse dia? Provavelmente ficaria arrependido por não ter conseguido viver tão plenamente esse dia como poderia.

Em poucas palavras, o significado da reflexão baseada na Correta Vida é analisar cada dia de sua vida, comparando-o com o que seria um dia ideal se você considerasse que aquele seria o último. Com essa prática, você provavelmente descobrirá uma série de aspectos que poderia melhorar em si mesmo. O dia que acabou de passar poderia ter tido inúmeras possibilidades. Você poderia ter feito muitas, muitas coisas que talvez nem cogitasse. Imagine que hoje é seu último dia de vida; assim, será fácil analisar se você viveu esse dia plenamente e o encerrará sem nenhum arrependimento. Com essa perspectiva em mente, analise o que aconteceu ao longo do dia e como você agiu diante de cada um desses eventos. Você poderá dizer que está "vivendo corretamente" se der continuidade a essa prática diária.

Outro aspecto que gostaria de mencionar é que, de acordo com o budismo tradicional, levar uma vida de crimes e trabalhar em algo que esteja em desacordo com os ensinamentos de Buda/Deus, como difundir o materialismo ou pregar doutrinas e crenças malignas, é uma violação à Correta Vida.

8

Correta Dedicação

O caminho seguinte é a Correta Dedicação, que significa fazer um diligente esforço para seguir o caminho que leva a Buda/Deus. Embora vivamos cada dia de nossa vida sem darmos muita atenção ao seu significado, o fato é que há um destino muito claro na vida de cada um de nós: o Mundo Celestial, que é para onde iremos após passarmos pelo portal da morte. O retorno ao Mundo Celestial é uma parte do esquema criado por Deus, o Buda criador do Universo, para promover a evolução da alma humana. Para captar o verdadeiro significado da Correta Dedicação, é preciso compreender o porquê deste mundo terreno existir. A resposta é a seguinte: esse mundo tridimensional em que vivemos é um local de aprimoramento espiritual para que as almas conheçam a Verdade; em outras palavras, é um local de aprimoramento para o aprendizado da alma. Não só isso: este mundo é também um palco para a manifestação da glória e da prosperidade de Deus, por meio da expressão da grande arte da luz. Eis a chave para compreender o significado da Correta Dedicação.

Há dois pontos que podemos utilizar para praticar a reflexão com base na Correta Dedicação. O primeiro é enxergar este mundo terreno como um local para o treinamento da alma, e por isso devemos nos perguntar se estamos nos esforçando constantemente para atingir esse objetivo enquanto vivemos, dia após dia. Ao contrário da Correta Vida, que abrange o espaço de um dia, a Correta Dedicação significa refletir a respeito de si mesmo no contexto de um período de tempo mais amplo.

Ao ponderarmos sobre a Correta Dedicação, devemos analisar o que planejamos para o nosso desenvolvimento no próximo ano, nos próximos três, cinco ou dez anos e como estamos nos preparando agora. Em suma, a primeira maneira de praticar a reflexão da Correta Dedicação é rever nossa própria vida pela perspectiva do aprimoramento espiritual.

O segundo ponto é verificar se estamos notando um aumento de nossa espiritualidade ou uma elevação do nosso nível espiritual. O objetivo da prática da Correta Dedicação é, acima de tudo, alcançar a evolução espiritual; portanto, um modo de vida que não contribua para essa elevação deve ser corrigido. O conceito de "nível espiritual" corresponde ao nível de iluminação de uma pessoa. Então, o que quer dizer um nível mais elevado de iluminação? Há três modos de verificar seu nível de iluminação.

Primeiro, quanto maior for seu nível de iluminação, maior será sua capacidade de enxergar seu próprio estado vibratório. Em outras palavras, a primeira medida da sua própria iluminação é a capacidade de enxergar a si mesmo por uma perspectiva imparcial e impessoal, a perspectiva do Buda Eterno, Deus.

Segundo, se você tiver atingido um nível superior de iluminação, deverá ser capaz de compreender a profunda conexão entre você e os outros, em vez de se considerar completamente separado dos demais. Em outras palavras, você deve ser capaz de enxergar os outros como amigos que compartilham a mesma missão de criar um mundo ideal, ou a Utopia, na Terra.

Terceiro, nos níveis mais elevados de iluminação, você deverá ser capaz de compreender o significado da vida humana, a razão da existência deste mundo e o motivo de você ter tido a permissão de viver neste ambiente.

Ao verificar que seu nível de compreensão melhorou em relação a esses três pontos, você poderá dizer que elevou seu nível espiritual, e esse é o objetivo da disciplina da Correta Dedicação.

9

Correta Mentalização

O sétimo passo dos Oito Corretos Caminhos é a Correta Mentalização. Se a oração for explicada numa linguagem budista, ela pode ser associada com a Correta Mentalização e com a Correta Meditação, que é o oitavo caminho. Em outras palavras, a oração possui atributos tanto da Correta Mentalização quanto da Correta Meditação. Ao fazer uma oração, você emite vibrações espirituais com um propósito específico, e para fazer isso é essencial que tenha alcançado harmonia e paz interior. Assim, a oração pode ser explicada como a concentração da própria vontade num estado meditativo. É impossível separar a oração da reflexão. Aliás, a oração pode ser considerada como parte da reflexão e, se você acha difícil compreender a lógica que existe nisso, pense na oração como uma forma aplicada de reflexão. O que quero dizer é que, na verdade, os Oito Corretos Caminhos incluem o conceito da oração.

Mas qual o significado da Correta Mentalização? Em comparação à reflexão baseada no Correto Pensamento, que é uma maneira de você controlar o que pensa e analisar cada pensamento que passa por sua mente, a Correta Mentalização constitui as diretrizes para a reflexão sobre seu plano de vida, sobre o futuro que você visualiza. A disciplina da Correta Mentalização requer que você pergunte a si mesmo se os objetivos que tem em mente estão corretamente definidos e também qual é a imagem ideal que faz de si mesmo, em seu coração. De certa maneira, a Correta Mentalização questiona quais são os seus sonhos. Se você se contentar em levar uma vida normal, deve orar apenas pelo bem-estar de sua família. Por outro lado, para aqueles que vivem por causas mais elevadas, a vida nada mais é que uma série de objetivos e planos. Assim, a definição desses objetivos, o planejamento e a concentração de sua energia para sua realização assumem um papel de vital importância.

Podemos dizer que a Correta Mentalização seja controlar a força de vontade dirigindo o poder mental para a realização de um objetivo específico. Se, por exemplo, você direcionar sua mentalização para obstruir a felicidade de uma pessoa ou o sucesso dela na carreira, ou então para prejudicar alguém, isso é obviamente um mau uso da mentalização e ficará registrado como tal em seu coração. É muito importante que sua força de vontade, isto é, a mentalização, seja direcionada para a felicidade e o sucesso do maior número possível de pessoas.

O mistério do poder da mente é que, conforme você avança na disciplina da concentração, sua força de vontade, seu poder de mentalização se torna mais forte, e então você precisa desenvolver cada vez mais a capacidade de controlar cautelosamente sua mentalização. Aqueles que nunca pensaram no poder da mente talvez achem que a disciplina da Correta Mentalização não tem muita importância. Nesse sentido, podemos dizer que a disciplina da Correta Mentalização é um método bastante avançado de autorreflexão.

10

Correta Meditação

Para concluir este capítulo, gostaria de explicar brevemente a maneira correta de praticar a meditação. O último dos Oito Corretos Caminhos, a Correta Meditação, está intimamente relacionado com o verdadeiro objetivo da religião, pois se trata da disciplina da concentração espiritual, que tem como objetivo comunicar-se com os espíritos elevados do outro mundo e, além disso, sintonizar-se e sentir-se uno com a vontade do Buda Eterno, Deus.

Sem ter passado pela experiência real da Correta Meditação, ninguém poderá dizer que despertou espiritualmente ou que obteve a verdadeira consciência acerca do mundo. Não é fácil conhecer suas vidas passadas ou futuras, mas quando você consegue se comunicar com os espíritos superiores pela Correta Meditação e se torna consciente do grandioso potencial que existe em sua própria mente, poderá deparar com misteriosas experiências.

O principal objetivo da Correta Meditação é adquirir a verdadeira sabedoria e, com o poder dessa sabedoria, obter a emancipação das amarras que prendem o ser humano a este mundo terreno. Ao conseguir se aprofundar cada vez mais no seu próprio mundo interior, você atingirá um estado no qual será possível se comunicar com seu espírito guardião e com os espíritos guias que estão no seu coração.

Nenhum tipo de conhecimento será realmente significativo sem uma base espiritual, sem estar fundamentado na Verdade Divina. Não importa o quanto você seja bem informado, nem o quão desenvolvida seja sua capacidade intelectual; sem a Correta Meditação sua personalidade não poderá alcançar a perfeição e você também não conseguirá atingir uma espiritualidade de grande envergadura. Aliás, várias das grandes personalidades da história humana, mesmo aquelas que não eram muito ligadas à religião, tinham o hábito de reservar algum tempo para olharem para o interior de si mesmas. Esse hábito pode ser considerado uma variação da disciplina da Correta Meditação. Essas personalidades apreciavam muito o contato com a energia que permeia o Universo.

Quando você alcançar o estado da Correta Meditação, seu potencial será maximizado. A capacidade intelectual de quem vive neste mundo é limitada, mas todas as limitações são eliminadas quando se atinge o estado da Correta Meditação e a pessoa consegue acessar a grande sabedoria do universo. Tendo essa concepção em mente, acredito que você seja capaz de compreender que a reflexão da Correta Meditação significa examinar até que ponto você consegue se reconhecer como um membro do universo, uma parte integral do mundo criado pelo Buda Primordial, Deus. Esse estado é a perfeição da Correta Meditação, e a perfeição do seu próprio aprimoramento.

Quando sua disciplina espiritual de seguir os Oito Corretos Caminhos – Correta Visão, Correto Pensamento, Correta Expressão, Correta Ação, Correta Vida, Correta Dedicação, Correta Mentalização e Correta Meditação – tiver atingido a perfeição, você poderá se elevar pelo menos ao estado conhecido como Arhat (ou Arakan, no budismo japonês), equivalente ao plano superior da sexta dimensão. Com a prática dos ensinamentos aprendidos aqui, será capaz de avançar no caminho em direção à evolução para os seres da sétima dimensão, o Mundo dos Anjos, Bodhisattvas ou Bosatsus. Espero que você compreenda que os Oito Corretos Caminhos são um método de autodisciplina para o aperfeiçoamento espiritual, e que esse método abre o caminho em direção a um desenvolvimento ainda maior.

Capítulo Três

As Seis Paramitas

1

Sabedoria Interior

Se eu fosse escolher um conceito que melhor caracterizasse os ensinamentos de Shakyamuni, diria que é o da sabedoria interior. Segundo ele, os seres humanos possuem em seu coração uma sabedoria interior que flui como uma nascente. Os ensinamentos transmitidos por Buda Shakyamuni não estavam centrados em orações ou preces, pois se baseiam na crença do poder existente no interior de cada pessoa. Deve-se observar, no entanto, que nos últimos anos, à medida que o budismo se popularizou e teve início um movimento no budismo chamado de Grande Veículo (Mahayana), os seguidores começaram a adorar Buda como um ser divino existente no mundo celestial. Essa mudança – de uma fé baseada na força interior para uma fé numa força superior externa – foi apoiada pelo próprio Buda Shakyamuni, no Mundo Celestial.

A crença na força interior está fundamentada na ideia de que todas as pessoas possuem em seu coração uma fonte de sabedoria que está conectada à vontade do universo e ao Buda Primordial, Deus. O ensinamento original de Shakyamuni era um caminho para que o indivíduo se tornasse "desperto" para a Verdade ou evoluísse e também se tornasse um Buda, pela autodisciplina. Assim, no início esse ensinamento não incluía a crença na existência de uma força externa e superior. Em outras palavras, pode-se dizer que o budismo em seu estágio inicial enfatizava a autodisciplina, e não tinha como princípio adorar um ser divino exterior. Esse é o aspecto que diferencia o budismo das outras religiões.

O próprio Shakyamuni estava plenamente consciente da existência do Buda Criador do Universo e também do poder dos espíritos guias superiores, pois ele mesmo recebeu deles orientações em diversas ocasiões. No entanto, em virtude da maneira pela qual obteve a iluminação, Shakyamuni preferiu ensinar seus discípulos a mergulhar profundamente em busca do eu interior, até que encontrassem a sabedoria interior. O método para alcançar o seu próprio "eu" e descobrir a sabedoria interior, permitindo que esta se manifeste, é de fundamental importância no budismo.

Podemos dizer que o budismo e o cristianismo foram ensinados a partir de duas perspectivas completamente diferentes. Enquanto o cristianismo propõe o conceito de que os seres humanos nasceram em pecado (embora isso não fizesse parte do ensinamento original de Jesus), o budismo apresenta um conceito mais avançado, de que as pessoas precisam buscar o aprimoramento espiritual. No cristianismo, não há nenhuma metodologia claramente estabelecida para que o ser humano possa se tornar semelhante a Deus. A existência de um Deus Pai; de Cristo, Seu Filho; e dos espíritos superiores é explicitamente declarada e representada pela teologia da Santíssima Trindade – o Pai, o Filho e o Espírito-Santo. Entretanto, há o risco de as pessoas acreditarem equivocadamente que são como as ovelhas de um rebanho, à espera da salvação. Esse é um quadro triste da humanidade.

Por outro lado, o budismo descreve um ser humano mais forte. O budismo ensina que cada pessoa possui uma natureza búdica em seu interior, a essência divina. Shakyamuni enxergou o bem e o enorme potencial que reside na natureza essencial dos seres humanos, que não depende do corpo físico, pois é transitório. Embora o budismo contenha ideias em seus ensinamentos que possam dar margem a interpretações errôneas, como a questão do carma, ele também possui o conceito positivo de que existe uma sabedoria infinita no coração humano. Esse conceito posteriormente apareceu mais desenvolvido nos ensinamentos das Seis Paramitas, isto é, as seis perfeições a serem buscadas na prática espiritual.

Dana-Paramita – a perfeição da oferenda;
Sila-Paramita – a perfeição da observação dos preceitos;
Ksanti-Paramita – a perfeição da perseverança;
Virya-Paramita – a perfeição do esforço;
Dhyana-Paramita – a perfeição da meditação;
Prajna-Paramita – a perfeição da sabedoria.

Os ensinamentos originais de Shakyamuni mais tarde foram compilados como a filosofia do Grande Veículo (Mahayana), segundo a qual, por meio da prática das perfeições das Seis Paramitas, uma pessoa conseguiria abrir o portal para sua sabedoria interior. Em outras palavras, a energia do Buda Supremo, Deus, irá jorrar como água de uma fonte interior. Ao alcançar esse estágio, o ser humano torna-se infinitamente precioso, pois sua essência não é diferente da essência de Deus.

Espero que todos compreendam que o budismo, desde sua origem até se transformar num movimento que visa à salvação da humanidade, acredita firmemente que cada pessoa é capaz de se salvar, ou melhor, que já está salva.

2

Pensamentos e Ações

No capítulo anterior, em que descrevi os Oito Corretos Caminhos, o enfoque estava no pensamento, na atividade interior dos seres humanos. No entanto, Shakyamuni não apenas avaliava os seres humanos em função de seu estado interior, mas também dava grande importância à relação existente entre os pensamentos e as ações, o modo como um leva ao outro e se ambos – pensamentos e atos – estavam ou não coerentes.

Se você acredita de fato em algo, é inevitável que isso se manifeste no seu exterior. O que está gravado nas profundezas do seu coração infalivelmente será expresso em ações. Do mesmo modo, se você busca pela iluminação espiritual, o que tiver compreendido irá se manifestar em ações, e essas ações por sua vez irão revelar o nível de iluminação que você alcançou. Na realidade, os pensamentos e as ações não estão separados. Eles são como dois lados de uma mesma moeda. Assim, você poderá verificar se está vivendo de acordo com os ensinamentos da Verdade Búdica examinando tantos seus pensamentos quanto suas ações.

De que modo seus pensamentos irão se manifestar em ações? As Seis Paramitas explicam como os pensamentos que você purificou por meio da prática dos Oito Corretos Caminhos se manifestam na forma de ação. Esses dois conceitos parecem se sobrepor, mas eu diria que a diferença entre eles é que os Oito Corretos Caminhos se concentram em como controlar seus pensamentos, enquanto as Seis Paramitas demonstram como seus pensamentos irão se expressar em ações, ou seja, de que modo uma pessoa iluminada deve agir.

No final, você só pode determinar se está procurando corretamente a Verdade se examinar tanto seus pensamentos quanto as ações que se expressam no mundo exterior. Desde a época de Shakyamuni até os dias atuais, é extremamente importante saber se um método de autodisciplina está correto ou não. Você somente conseguirá determinar se um ensinamento espiritual ensinado por uma religião está certo ao examinar cuidadosamente que tipo de pensamentos e ações ele recomenda. Por melhor que sejam as declarações de um líder espiritual ou religioso, não valerá a pena acreditar nos seus ensinamentos se seu caráter e seu comportamento forem questionáveis, ou se os principais membros daquela ordem ou grupo forem corruptos. Se não, como eles poderiam dar um bom exemplo para aqueles que buscam a Verdade? Quem busca a Verdade tem a responsabilidade de provar que é capaz de controlar os próprios pensamentos por meio da maneira como age, ou seja, por suas ações.

3

Nosso Aperfeiçoamento Beneficia Outras Pessoas

Nos ensinamentos do Buda Shakyamuni, a ideia de que "beneficiando a si mesmo beneficia-se os outros" tem um papel-chave. Os budistas da atualidade costumam afirmar que o movimento do Grande Veículo só começou quinhentos anos após a morte de Shakyamuni, quando seus discípulos formularam o conceito de salvação e decidiram compilar os sutras do Grande Veículo. Uma passagem bastante plausível conta que Nagarjuna foi até o Mundo Real, ou outro mundo, em viagens astrais, e trouxe de lá a coleção completa de escrituras sagradas e, depois disso, deu início à escola do Grande Veículo.

Muitas pessoas creem que os ensinamentos originais de Shakyamuni se restringiam à doutrina do Pequeno Veículo (Hinayana), voltada apenas para o autoaperfeiçoamento, e que os ensinamentos do Grande Veículo (Mahayana), que enfatizava a salvação do povo, teriam sido estabelecidos somente alguns séculos após a sua morte, mas isso não é verdade. É claro que muitos sutras do Grande Veículo foram compilados em anos posteriores, mas a maioria dos conceitos básicos de salvação já era ensinada pelo próprio Buda.

Ele pensou: "Se o autoaperfeiçoamento significa levar uma vida reclusa e isolada da sociedade, esse tipo de esforço será em vão. Se a autodisciplina para obter a iluminação levar somente a um nobre isolamento, que sentido faz estar encarnado neste mundo?" Quando recebeu a doação de um mingau de leite de uma garota de aldeia e saboreou-o, ele despertou para o fato de que a iluminação devia ser encontrada no Caminho do Meio e que o ascetismo extremo não levava ao despertar espiritual. O conceito do "beneficiando a si mesmo" quer dizer aperfeiçoar-se e ampliar o sentimento de felicidade, e do "beneficia-se os outros" significa compartilhar essa felicidade alcançada com muitas pessoas.

Considerando que os seres humanos são criaturas sociais, que vivem sempre interagindo, então em vez de ficar envaidecido com as próprias capacidades, você deve ter sempre em mente que, ao compartilhar o que tiver aprendido, poderá contribuir para a felicidade dos outros. Shakyamuni tinha todos os atributos de um bom educador e seus ensinamentos refletem bem isso.

O principal ensinamento desta seção, "beneficiando a si mesmo beneficia-se os outros", também pode ser explicado assim: ao mesmo tempo em que você faz esforços continuados para se desenvolver e se aprimorar, é importante procurar tornar este mundo um lugar melhor para se viver, ampliando os círculos de felicidade, buscando alcançar grande harmonia entre você e o maior número possível de pessoas. O fato de você se tornar alguém excepcional não deve criar conflitos com os outros; ao contrário, seus esforços para se tornar uma pessoa de destaque devem contribuir para a felicidade de toda a sociedade. Em resumo, a ideia básica é que a sensação de felicidade que você obtém com a iluminação seja devolvida à sociedade e às pessoas que nela vivem.

Tanto a ideia de "beneficiar a si mesmo" quanto a de "beneficiar os outros" são importantes, mas deve-se observar a ordem desses dois fatores. Oculto nesta trajetória que vai de se autoajudar até ajudar os outros há um conceito vital, ligado à autodisciplina daqueles que buscam a Verdade.

Enquanto o método da autodisciplina dos Oito Corretos Caminhos visa atingir a condição de Arhat da sexta dimensão, para ir além desse nível e chegar ao estado de Bodhisattva (anjo) da sétima dimensão é absolutamente necessário ter pensamentos altruístas e colocá-los em prática. Ou seja, as disciplinas do autoaperfeiçoamento e do altruísmo não devem andar separadas. No processo de beneficiar-se pela autopurificação, você também precisa plantar as sementes que irão crescer para beneficiar os outros. Esse é um requisito importante para se tornar um Bodhisattva. E isso explica por que aqueles que fizeram um treinamento zen num mundo isolado de autossatisfação não conseguiram alcançar um estado mais elevado do que o mundo iluminado da sexta dimensão.

A prática das perfeições ensinadas nas Seis Paramitas forma uma ponte entre o estado de Bodhisattva e o de Tathagata (ou Nyorai, no budismo japonês). É também um método para desenvolver os Oito Corretos Caminhos estabelecendo linhas de conduta para alcançar o estado de Bodhisattva e ir além dele. Nas seções a seguir, vou explicar cada uma das Seis Paramitas.

4

Dana-Paramita (A Perfeição da Oferenda)

A primeira disciplina das Seis Paramitas é a "Dana-Paramita", ou "a perfeição da oferenda". Os ensinamentos sobre oferendas são uma parte muito importante dos ensinamentos de Shakyamuni. A oferenda é uma maneira de expressar amor que faz parte dos costumes budistas, e é similar à ideia cristã da caridade. O fato de se colocar a "perfeição da oferenda" como a primeira disciplina das Seis Paramitas mostra a importância que Shakyamuni dava ao conceito de dar amor ou, mais especificamente, expressar compaixão pelos outros.

Gostaria de explicar o termo "Paramita". Esta palavra do sânscrito significava originalmente "alcançar a outra margem" ou "alcançar o estado de emancipação". Queria dizer também "ao alcançar a profundidade do seu 'eu' interior, uma abundante sabedoria irá fluir através de você". Portanto, a "Dana-Paramita" pode ser definida como uma disciplina para aperfeiçoamento espiritual por meio da oferenda, que lhe permitirá apreciar e assimilar totalmente a sabedoria que flui do seu universo interior. Existem várias formas de se praticar a oferenda; a mais comum é a doação de bens materiais e financeiros – por exemplo roupas, propriedades e outros valores – para ajudar aqueles que abandonaram a vida mundana e estão seguindo o caminho da Verdade, para auxiliar o trabalho de luz das ordens religiosas ou para socorrer os pobres. Praticar a oferenda é uma forma de expressar amor e, mesmo que você não possa doar bens materiais, pode oferecer um sorriso. Isso ajudará a fazer deste mundo um lugar muito melhor para viver.

A próxima perfeição é "Oferecer a Lei", sendo considerada uma prática de doação espiritual muito mais elevada. O ato de oferecer a Lei, ou seja, de transmitir os ensinamentos da Verdade, é a melhor doação que podemos fazer para aqueles que estão espiritualmente necessitados, pois eles são como um solo árido e ressequido, e anseiam pela Verdade para saciar sua sede. Na época de Shakyamuni – e até hoje –, os fiéis tinham o hábito de fazer oferendas de bens materiais aos monges e, em troca, recebiam muito mais do que haviam doado. Ao receber as oferendas, os monges expressavam sua gratidão dedicando amor às pessoas por meio da transmissão dos ensinamentos, a Lei. Da mesma forma, quando os fiéis divulgavam os ensinamentos da Verdade Búdica ou Divina para aqueles que ainda não despertaram para a fé, também estavam praticando a "oferenda da Lei".

Outro tipo de oferenda é a "oferta de paz interior" àqueles que estão aflitos, sofrendo com dor ou dificuldades, ajudando-os a superar seus problemas. A "oferenda de bens materiais", a "oferenda da Lei" e a "oferenda da paz interior" são chamadas de "As Três Oferendas".

5

Sila-Paramita (A Perfeição da Observação dos Preceitos)

Em seguida, nas Seis Paramitas, vem a Sila-Paramita, também chamada de "a perfeição da observação dos preceitos". Refere-se à disciplina de seguir um conjunto de mandamentos ou um estilo de vida austero. Isso se aplica não apenas ao budismo, mas também a outras religiões. O islamismo, por exemplo, tem preceitos extremamente rígidos, e o cristianismo também possui um conjunto de regras de conduta a serem seguidas por seus padres e freiras. O propósito dos preceitos religiosos é proteger os seguidores da Verdade das diversas tentações mundanas.

Não é fácil para as pessoas comuns compreenderem o que é o correto pensamento ou a correta ação. Por isso, foram estabelecidos certos mandamentos para evitar que elas se desviem cometendo pecados e possam, desse modo, satisfazer os requisitos mínimos. Shakyamuni considerava os preceitos como um meio muito importante de educar as pessoas, porque os seguidores da Verdade têm dificuldades em controlar seu comportamento caso não se orientem por certas regras de conduta.

O principal requisito da disciplina de Sila-Paramita é observar os seguintes cinco preceitos: não matar, não roubar, não cometer adultério, não dizer falsidades e não beber.

O preceito "não matar", que ensina às pessoas que matar é pecado, vem em primeiro lugar porque na época de Shakyamuni o assassinato era muito comum.

Em seguida vem o preceito de "não roubar". Roubar não significa só tirar a posse de outro à força, mas também apoderar-se de coisas que você não tem permissão de possuir. O ato de roubar aparentemente pode beneficiar aquele que o pratica, mas causa danos aos outros, tirando sua paz de espírito e criando desordem social. Este preceito foi formulado para evitar isso.

O preceito seguinte é "não cometer adultério", ou seja, não se envolver em relações amorosas extraconjugais. Há duas razões pelas quais o relacionamento extraconjugal é pernicioso. Primeiro, ele destrói a união conjugal e da família, que é a unidade básica da sociedade. Segundo, ele intensifica o desejo carnal e impede que o seguidor se concentre no caminho da iluminação. Por essas razões, estabeleceu-se esse preceito.

No caso específico dos reis e marajás, entretanto, era socialmente permitido ter mais de uma mulher, não sendo considerado uma violação do preceito de "não cometer adultério". Ao contrário do cristianismo, o budismo não estipula tradicionalmente a monogamia. Se o relacionamento estivesse baseado no amor e contasse com a garantia de sustento financeiro, era aceitável ter mais de uma esposa para satisfazer à necessidade de ostentar status social. Isso também estava ligado ao fato de que Buda Shakyamuni aceitava como seus seguidores vários membros de famílias reais.

O preceito seguinte é o de "não dizer falsidades". Aqui também se inclui "não mentir", "não falar mal dos outros" e "não caluniar". Além disso, também é proibido induzir alguém a dar falso testemunho. Mesmo entre os membros da ordem de Shakyamuni, não se admitia que as pessoas falassem mal dos outros ou que tivessem inveja daqueles cujo nível de iluminação fosse mais avançado. Os incidentes decorrentes de tais atos foram a razão para que esse preceito fosse estabelecido.

O último dos cinco principais preceitos do budismo é "não beber". Muitos podem questionar se o ato de ingerir bebidas alcoólicas em si é bom ou ruim. Na verdade, alguns espíritos do Mundo Celestial ocasionalmente apreciam a sensação proporcionada pela bebida, por isso o ato de beber não pode ser completamente condenado. No entanto, deve-se observar que na época de Shakyamuni a bebida alcoólica era de péssima qualidade e causava uma terrível embriaguez, e quem bebia costumava ser visto como preguiçoso.

De qualquer modo, é inegável que beber interfere bastante na concentração espiritual e enfraquece o desejo da pessoa de melhorar e se aprimorar. Por isso, o preceito de "não beber" foi estabelecido para manter a ordem social. Esse preceito também visava encorajar os praticantes do aprimoramento espiritual a eliminar os desejos e tentações mundanas e continuar no caminho em busca da iluminação.

Esses eram os preceitos comumente observados na época de Shakyamuni, mas, no mundo atual, muitas dessas coisas já são proibidas por lei, por isso agora pode ser necessário criar outros preceitos para os buscadores modernos da Verdade.

6

Ksanti-Paramita (A Perfeição da Perseverança)

A seguir vem a Ksanti-Paramita, também chamada de "a perfeição da perseverança". Depois de desenvolver a virtude da oferenda e a virtude de observar os preceitos, precisamos buscar a virtude da perseverança.

Quando visualizo a história de Shakyamuni, vejo que a perseverança teve um papel muito importante em sua vida. Na busca pelo desenvolvimento e pela evolução espiritual no decorrer de um longo período de tempo, é absolutamente essencial ser perseverante. Essa é a verdadeira razão pela qual os praticantes foram orientados a observar o preceito Ksanti-Paramita. A falta de paciência costuma gerar frustração, comprometendo a serenidade interior da pessoa, e isso dá origem a discórdias nos relacionamentos com outros. Quando você se tornar plenamente consciente de que a perseverança é a chave para o sucesso nesta vida, terá atingido um nível espiritual mais elevado.

O significado da disciplina de Ksanti-Paramita pode ser resumido nos quatro pontos a seguir.

Os praticantes de aprimoramento espiritual tendem a se tornar impacientes em relação ao próprio progresso, comparando-se com os outros, sentindo às vezes o desejo de se iluminarem antes deles. Mas é preciso muito tempo para chegar à iluminação. Justamente por serem ascetas que buscam a Verdade, significa que devem suportar a dor de não terem sido capazes de atingir a iluminação mesmo após um longo tempo de busca. No momento em que perderem a paciência, começarão a se afastar do caminho correto.

O segundo ponto é a tolerância, não só para suportar situações que parecem estar contra você, mas também para não alimentar ressentimentos. Na realidade, quanto mais autêntico for o ensinamento, maior será a intensidade do ataque inimigo, porque este mundo está repleto de pensamentos equivocados e de más ações, e a difusão de ensinamentos da Verdade transforma-se num obstáculo à expansão das forças do mal. Quando isso ocorrer, o praticante de aprimoramento espiritual não deve aceitar o veneno do ataque nem assumir a postura de combate. Em vez disso, deve se esforçar para superar as dificuldades com o coração sereno e continuar prosseguindo pelo caminho correto. Para um buscador da Verdade, é muito importante manter essa atitude.

O terceiro ponto é a resistência diante das objeções dos parentes e familiares. Quando as pessoas decidem trilhar o caminho da Verdade vivendo nesse mundo terreno, é como se cortassem seus laços com o passado de uma vez. Depois desse grande ponto de virada, a vida muda completamente e as pessoas próximas podem começar a se queixar ou tentar convencer você a voltar atrás na sua decisão.

Embora elas estejam fazendo isso por amor, trata-se de um amor mundano, que tem origem na falta de um conhecimento espiritual mais elevado. O que para a maioria das pessoas é "senso comum", acaba se traduzindo inevitavelmente como obstáculo no caminho daquele que busca o aperfeiçoamento espiritual, e nessa hora é ainda mais importante saber resistir e manter a serenidade interior.

O quarto ponto é a resistência contra o mal. No processo de se esforçar para se aprimorar e obter a iluminação, o praticante da Verdade Espiritual terá de enfrentar provas contra vários espíritos malignos e demônios. O próprio Shakyamuni foi testado pelo demônio Mara Papiyas, e também Jesus foi testado por Belzebu. A interferência da força do mal é inevitável para aqueles que buscam a Verdade, porque quanto mais pessoas se tornam despertas e iluminadas, maior é o território subtraído dos espíritos malignos. Para evitar isso, eles, por um instinto de defesa, lutarão para obstruir a Luz.

Nessas circunstâncias, é vital resistir ao ataque do inimigo e fazer frente às dificuldades. A disciplina espiritual para o autodesenvolvimento e para despertar a luz interior pode parecer uma atitude passiva, e talvez você se sinta tentado a se livrar dos demônios com a força da espada, mas deve fazer um esforço para continuar perseverando incansavelmente, superar as dificuldades e conseguir chegar ao outro lado. Quando um buscador da Verdade segue pelo caminho em direção à Luz, é inevitável que sofra a tentação do mal antes de se tornar realmente iluminado. Por isso, a perseverança é essencial para aqueles que estão trilhando o caminho espiritual em busca da Verdade.

7

Virya-Paramita (A Perfeição do Esforço)

Virya-Paramita é também chamada de "a perfeição do esforço" e se refere ao esforço contínuo como uma disciplina. Os Oito Corretos Caminhos incluem também a via do esforço que é a Correta Dedicação e, no final das contas, o sentido dos dois é o mesmo, mas a Virya-Paramita dá maior importância à prática concreta de trabalhar para a realização de um objetivo que tenha sido claramente definido. Portanto, essa disciplina requer o estabelecimento de objetivos claros e o esforço contínuo para atingir essas metas. Ela consiste do esforço diário direcionado para alguma realização dos objetivos. Por exemplo, fazer oferendas, meditar e divulgar os ensinamentos (Lei), de tal modo que os outros possam confirmar suas realizações e seu progresso. Em relação ao estudo da Verdade, é importante que você seja capaz de avaliar quanto progresso faz a cada dia. Nesse sentido, na disciplina da Virya-Paramita é preciso definir metas concretas, e houve muitos discípulos de Shakyamuni que deram continuidade à disciplina de alcançar essas metas.

Uma das características notáveis da ordem de Shakyamuni é que seus seguidores estudavam com grande dedicação, e isso os distinguiu dos fiéis de outras religiões da mesma época. Naqueles dias, a adoração de poderes sobrenaturais era muito forte em outras ordens religiosas e muitas pessoas tinham um grande desejo de serem reconhecidas como portadoras de poderes extraordinários. Por outro lado, embora Shakyamuni respeitasse a comunicação com os reinos espirituais, ao mesmo tempo ele esperava que seus seguidores fossem respeitados em todos os setores da sociedade, que possuíssem bom senso e fossem capazes de fazer avaliações sensatas. Por isso, os membros da sua ordem eram muito motivados e entusiasmados no que se refere ao estudo dos ensinamentos, Darma ou Verdade Búdica. Esse forte entusiasmo para o estudo ajudou os discípulos de Shakyamuni a construir um alicerce equilibrado de conhecimento baseado na Verdade e também contribuiu para o desenvolvimento do seu caráter.

Costuma-se afirmar que aqueles que prosseguem no estudo acabam adquirindo grande estatura espiritual. De fato, o objetivo do estudo é não só adquirir conhecimento; o verdadeiro propósito de fazer um esforço continuado para alcançar um objetivo definido em qualquer campo de estudo é contribuir para o desenvolvimento do caráter. Por esta razão, não surpreende que aqueles que estudam com afinco a Verdade de Buda, que é o mais importante de todos os estudos, consigam purificar-se e tornar-se pessoas destacadas.

A virtude do esforço é uma parte importante dos ensinamentos de Shakyamuni, e costuma-se rejeitar qualquer doutrina que negligencie o esforço – por exemplo, algumas afirmam que "qualquer um pode se iluminar muito naturalmente, sem nenhum esforço" ou que "basta a pessoa rezar e será abençoada com a graça divina". Precisamos nos conscientizar de que essa grande ênfase dada por Shakyamuni ao esforço constante no estudo da Verdade transmitida por Buda contribuiu para elevar o nível espiritual de seus discípulos.

8

Dhyana-Paramita (A Perfeição da Meditação)

A disciplina da "Dhyana-Paramita" também é chamada de "a perfeição da meditação". Ela tem pontos em comum com a Correta Meditação dos Oito Corretos Caminhos, mas a diferença entre esses dois tipos de disciplina está em seu foco. Enquanto a Correta Meditação destaca a importância de se examinar nossa mente ao meditar, verificando se está correta, a Dhyana-Paramita destaca a continuidade da prática diária da meditação.

Quando você tem algum tempo livre, por exemplo nos fins de semana, é provável que não seja muito difícil refletir a respeito de si mesmo, entrando em contato com seu mundo interior para analisar seus pensamentos e suas ações. Porém, é mais difícil fazer isso quando você está no meio da agitação do dia a dia; nessas horas, o esforço exigido é bem maior. Por isso, podemos dizer que qualquer um que consiga reservar um tempo para fazer reflexão todos os dias, já foi bem-sucedido em conquistar algo extraordinário.

Gostaria que você pensasse na sua própria situação. Talvez não seja tão difícil lembrar do que aconteceu na sua vida desde o momento em que nasceu. Mas você já deve ter percebido o quanto é difícil continuar a descobrir, investigar e conseguir conhecer seu eu interior dia após dia. De fato, exige um esforço extraordinário.

O objetivo principal da Dhyana-Paramita é manter um estado de constante meditação, não apenas enquanto realizar algum tipo prática meditativa, mas também enquanto estiver trabalhando ou fazendo outras coisas no dia a dia. Em outras palavras, a perfeição da "Dhyana-Paramita" significa manter um estado meditativo constante, independentemente do que esteja fazendo – quer você esteja andando, falando ou trabalhando. Nesse nível de perfeição, cada minuto de suas 24 horas é vivido num estado meditativo; seus pensamentos estão constantemente direcionados para o Mundo Celestial e você pode se comunicar com os espíritos elevados a qualquer hora. Este é o estado mental mais elevado que aqueles que praticam o aperfeiçoamento em busca da Verdade devem procurar alcançar por meio da disciplina espiritual.

Hoje em dia, os seguidores do zen-budismo praticam a meditação sentando com as pernas cruzadas em templos situados em lugares afastados. Quando nos separamos de nossa vida cotidiana, não é tão difícil entrarmos em contato com nosso mundo interior, mas durante os períodos de trabalho do dia a dia, é muito difícil manter um estado meditativo.

Quando se alcança esse estado elevado de meditação, o coração mantém-se perfeitamente calmo e sereno. Mesmo que alguém o ataque, usando uma linguagem ofensiva, isso não irá perturbar sua serenidade interior, e você sente como se existisse dentro de si um lago interior de águas imóveis, como um espelho. Viver nesse estado de perfeição é como estar no mundo celestial, apesar de estar fisicamente vivendo na Terra. É essa a perfeição da Dhyana-Paramita que os buscadores da Verdade se empenham tanto em alcançar. É como viver nos planos mais elevados do Mundo Real, como o Reino dos Bodhisattvas, na sétima dimensão, ou o Reino dos Tathagatas, na oitava dimensão, apesar de ainda estar no mundo material. Esse estado era um dos objetivos mais almejados pelos seguidores dos ensinamentos de Shakyamuni.

9

Prajna-Paramita (A Perfeição da Sabedoria)

A última das Seis Paramitas é a "Prajna-Paramita". A palavra "prajna" significa sabedoria profunda, não apenas conhecimento superficial. Também pode ser traduzida como sabedoria transcendental, aquela que jorra do nosso interior profundo como uma fonte inexaurível. Quando se alcança a sabedoria transcendental, o verdadeiro saber surge como pepitas de ouro que brilham intensamente numa peneira de garimpo e é distinto de todo o conhecimento mundano que você adquiriu e das experiências pelas quais passou neste mundo.

Para se tornar uma pessoa grandiosa, é preciso muita leitura e experiência do mundo. Conforme você prossegue em seus esforços, o conhecimento e a experiência adquiridos irão começar a brilhar como pedras preciosas. No entanto, quando se alcança a sabedoria transcendental, ela emite uma luz tão brilhante que as joias do conhecimento mundano e da experiência parecem perder o brilho. A sabedoria transcendental é considerada tão preciosa porque só é possível obtê-la depois de conseguir abrir o portal do coração.

No decorrer do seu esforço para atingir o estado do "Correto Coração" com a prática dos Oito Corretos Caminhos, em algum momento sua mente se abrirá espiritualmente e você começará a se comunicar com seu espírito guardião e espírito guia. A sabedoria do espírito guardião e espírito guia no Mundo Real é muito superior à sabedoria das pessoas do mundo terreno, pois os espíritos no Mundo Verdadeiro têm acesso a todo o conhecimento que acumularam nas experiências pelas quais passaram em suas encarnações passadas.

Enquanto estamos neste mundo terreno, somos capazes de usar apenas uns 10% da nossa capacidade desenvolvida em nossas vidas passadas, e o resto permanece latente no subconsciente. No entanto, ao voltarmos ao mundo espiritual, os 90% latentes – do conhecimento de vidas passadas – vêm à tona em nossa consciência superficial, enquanto a parte que estava consciente em nossa última encarnação passa para o subconsciente. Assim, se fizermos uma comparação simples entre o nível de evolução ou iluminação de um espírito no céu e o de uma pessoa na Terra, o espírito celestial terá essencialmente nove vezes mais sabedoria do que a pessoa encarnada.

Desnecessário dizer: no mundo espiritual há incontáveis entidades espirituais que são mais evoluídas do que você. Elas formam uma constelação de sábios altamente gabaritados, muito difíceis de serem encontrados vivendo na Terra numa mesma época. Um doutor ou professor que no mundo de hoje ostente o nível mais alto de inteligência, provavelmente não será superior a

Sócrates, e nenhum dos filósofos atuais conseguiria ter maior profundidade do que Confúcio. O mundo verdadeiro é preenchido não apenas por grandes figuras históricas, mas também por espíritos elevados que tiveram papel importante nas civilizações que existiram antes de qualquer registro na história da humanidade. Quando esses inúmeros seres espirituais juntam forças para guiar aqueles que vivem na Terra, mostram um poder incomparável em relação ao nível de conhecimento e de esforço que possuímos enquanto encarnados.

Os espíritos elevados que habitam o mundo celestial estão constantemente enviando-me inspirações, e a sabedoria emanada de suas orientações excede em qualidade e quantidade o conhecimento que pode ser adquirido neste mundo terreno. Pode-se dizer que receber inspiração dos espíritos elevados é outra maneira de como a prática da Prajna-Paramita se manifesta.

É importante lembrar que o objetivo final de fazer um esforço nesta vida é alcançar o nível mais elevado de sabedoria possível a cada pessoa. Se você entender de fato a Verdade Búdica, a sabedoria alcançada irá trazer-lhe emancipação e transformá-lo numa pessoa de imenso poder.

10

Uma Interpretação Moderna das Seis Paramitas

Continuando a explicação da ideia das Seis Paramitas, gostaria de explorar nesta última seção de que maneira podemos praticá-las na vida diária. As Seis Paramitas têm muito em comum com os Oito Corretos Caminhos, e gostaria de lançar alguma luz sobre essas seis disciplinas de aperfeiçoamento por um novo ângulo.

Primeiro, gostaria de descrever a "Dana-Paramita" (a perfeição da oferenda) como atos de amor. Em outras palavras, é a prática do "amor que se dá".

Numa tentativa de aplicar o espírito da "Sila-Paramita" (a perfeição da observação dos preceitos) à vida moderna, gostaria de expressá-la como a retomada da rigidez moral, do estoicismo que havia originalmente na Antiga Grécia. Quando você simplifica sua vida e procura valores intelectuais e espirituais dentro do estilo de vida simples de uma pessoa que segue corretos preceitos morais, está observando a Sila-Paramita. Aqueles que têm metas elevadas e aplicam esforço constante na busca de seu objetivo não precisam ostentar nada. Adotam um estilo de vida simples e moral na sociedade atual, concentrando energia na busca daquilo que é mais importante para eles, sem se preocupar com questões menores, mundanas. É isso o que eu quero dizer com a prática do estoicismo na atual sociedade.

A prática da "Ksanti-Paramita" (a perfeição da perseverança) poderia ser descrita como uma atitude de espera paciente até que o tempo se mostre maduro, enquanto vamos nos fortalecendo. Ao experimentar tempos difíceis, é importante saber aguardar a hora certa e, enquanto isso, continuar a desenvolver habilidades, como se você estivesse pacientemente esperando um jarro de água se encher gota a gota, em vez de tentar fazer algo exagerado para apressar as coisas. É dessa maneira que podemos observar o espírito da Ksanti-Paramita.

"Virya-Paramita" (a perfeição do esforço) significa fazer um esforço diligente e constante, e eu gostaria que os que estão em busca do aperfeiçoamento espiritual nos dias atuais concentrassem seus esforços em explorar e estudar a Verdade Divina, ensinada por Buda.

A "Dhyana-Paramita" (a perfeição da meditação) pode ser entendida como a restauração da prática dos Oito Corretos Caminhos como parte da vida diária. Pretendo continuar fornecendo explicações simples sobre os Oito Corretos Caminhos de diversas maneiras, porque é muito importante reservar um tempo para ficar em silêncio e praticar a autorreflexão. Esta prática será consumada no caminho da reflexão, que é parte dos Quatro Corretos

Caminhos (de amor, conhecimento, reflexão e desenvolvimento), que constituem o pilar principal dos ensinamentos que transmito atualmente na Happy Science.

Por último, a "Prajna-Paramita" (a perfeição da sabedoria) corresponde ao segundo dos Quatro Caminhos Corretos, o caminho do conhecimento. Minha intenção é compilar um sistema de sabedoria espiritual existente no Mundo Real, o outro mundo, e com essa finalidade vou continuar a publicar livros sobre a Verdade Divina ou Búdica.

Num nível pessoal, algumas pessoas poderão vir a experimentar a comunicação espiritual com seu espírito guardião depois que tiverem aberto a porta para o mundo espiritual. À medida que seguir sua disciplina para libertar o coração das nuvens escuras, você poderá em algum momento começar a receber inspirações de seu espírito guardião, e isso é prova de que está sendo bem-sucedido.

Pode-se dizer que as outras cinco disciplinas – a prática do "amor que se dá", levar um estilo de vida moral, perseverar, esforçar-se aplicadamente no estudo da Verdade e reservar tempo para a autorreflexão – desempenham um papel importante para evitar que aqueles que abriram um portal de conexão espiritual se percam. E aqui concluo minha explanação das Seis Paramitas no contexto da vida moderna.

Capítulo Quatro

O Conceito de Vazio

1

O Que É o Ser Humano?

Neste capítulo, quero explorar a ideia de "Vazio" ensinada pelo budismo. Para compreendê-lo, é essencial entender a visão da vida e da morte, do mundo e do ser humano sob o ponto de vista dos ensinamentos da Verdade Búdica. Sem esclarecer esses pontos, seria muito difícil ensinar o que significa "vazio".

A primeira pergunta é: "O que é o ser humano?". Para respondê-la, Shakyamuni definiu o ser humano de uma maneira revolucionária. Naquela época, na Índia, predominava a crença de que o ser humano nascia com o destino definido pelo carma, que seu status social era determinado antes mesmo de nascer e que o destino de sua vida era estabelecido no momento do nascimento. Contrariando essa ideia, Shakyamuni ensinou que o "destino é influenciado pela lei do carma e por outros fatores que não podemos controlar, mas que é possível superar a força do destino quando nos esforçamos no aperfeiçoamento espiritual em busca da iluminação". Esse ensinamento foi considerado como uma boa-nova naquele tempo. No mundo atual, as pessoas talvez achem que o budismo é um ensinamento que exige disciplina rigorosa, que encara o mundo de forma pessimista; mas o povo daquela época considerava os ensinamentos de Shakyamuni uma bênção celestial, tal como o Evangelho foi considerado, além de ser muito revolucionário.

Naquele tempo, a sociedade indiana estava dividida segundo um rígido sistema de classes sociais. Havia quatro castas: a dos brâmanes, composta pelos sacerdotes; a dos kshatriya, aos quais pertenciam os guerreiros; os vaisya, classe dos comerciantes; e os sudra, que eram os escravos. Além dessas, havia uma casta de pessoas consideradas inferiores até mesmo aos escravos: chamados de chandalas, os membros dessa casta nem sequer eram considerados humanos; tidos como impuros, eram tratados como gado ou coisa pior. Na Índia, os animais domésticos constituíam um bem valioso, mas as pessoas que pertenciam à casta dos chandalas, ou dos intocáveis, eram tratadas de maneira inferior até aos animais. Os que nasciam nessa classe não tinham direitos e também nenhuma chance de melhorar seu destino, por mais que fizessem esforços. Nascer na casta dos chandalas determinava seu destino e não havia nada a fazer. Por outro lado, os que nasciam na casta dos brâmanes eram automaticamente considerados como sacerdotes, independentemente do tipo de pessoa que eram ou se tinham ou não capacidade para isso. Shakyamuni questionou com veemência essa realidade.

Para ele, uma situação como esta não poderia ser aceita pelo Buda Primordial, a suprema sabedoria que governa o grande universo, e algo precisava ser feito para sobrepujar o sistema de castas sociais. Então, ele instituiu um novo sistema de valores às pessoas que se tornavam seus seguidores e passavam a fazer parte de sua organização religiosa. Assim, todos os discípulos, independentemente da classe original determinada pelo nascimento, poderiam praticar a autodisciplina em busca da iluminação. Não importa em que casta houvessem nascido, as pessoas que aderiam à ordem de Shakyamuni em busca da Verdade se tornavam seus discípulos e recebiam um novo status, uma nova meta e uma nova razão de viver; esse era o estado ideal vislumbrado por Shakyamuni.

Da mesma forma, no mundo atual, estabeleci a Happy Science, a qual estou orientando a fim de criar um novo sistema de valores baseado na Verdade Búdica ou Divina. As atividades dessa instituição estão voltadas para a criação de um sistema de estudo que permita àqueles que estão em busca da Verdade se aprimorarem e atingirem o despertar espiritual.

Do mesmo modo, Shakyamuni via um grande sentido em libertar as pessoas da crença de que a felicidade não estava ao seu alcance. Esse ideal foi realizado por meio da criação de um novo sistema de valores, uma mudança completa nos valores daquela sociedade rígida de castas sociais. Shakyamuni trouxe "boas-novas" e esperança às pessoas, que poderiam então trilhar o caminho em busca da verdadeira felicidade por meio da prática do aprimoramento espiritual. A condição essencial para que as pessoas pudessem realizar esse ideal era que tivessem no coração o desejo sincero de buscar a Verdade e de obter a iluminação esforçando-se pelo caminho do aprimoramento espiritual.

2

O Significado da Vida e da Morte

Agora gostaria de esclarecer a visão da vida e da morte de acordo com os ensinamentos búdicos. Na época de Shakyamuni, a Índia era devastada por contínuas guerras e vivia sob a constante ameaça de ataques de países vizinhos, por isso as pessoas não tinham muita garantia de estarem vivas no dia seguinte. O palácio de Kapilavastu, onde Shakyamuni viveu, acabou sendo atacado e destruído. Nem mesmo Shakyamuni, o Grandioso Espírito da nona dimensão espiritual, foi capaz de proteger seu país e seu povo. Isso mostra que neste mundo tudo é impermanente, ou seja, tudo é transitório e temporário.

Naquele tempo, "viver" estava associado à ideia de que era preciso "vencer batalhas". A fim de preservar sua vida, as pessoas precisavam matar seus inimigos, e só quem estava preparado para viver, mesmo que fosse à custa da vida dos outros, é que conseguia sobreviver, e o resto não tinha outra escolha a não ser perecer. Ser pacifista, ou não ter poder, equivalia a morte certa. Nesse cenário, não surpreende que as pessoas em geral sentissem que a vida era fútil, e ansiassem muito por uma vida após a morte. Muitas pessoas tinham conceitos negativos sobre a vida, portanto desprezavam o ato de viver.

Também é verdade que, mesmo entre aqueles que buscavam a iluminação, havia muitos que, em vez de desejarem se tornar um Buda vivo, por meio do esforço da criação de um paraíso na Terra, o mundo búdico, aspiravam mais pela obtenção da felicidade na próxima vida. Desejavam voltar a um mundo de felicidade abandonando esta vida, que para eles nada mais era do que uma sequência de sofrimentos.

Por essa razão, Shakyamuni incluiu nos seus ensinamentos orientações sobre a Verdade da vida no outro mundo após a morte. Numa época em que a vida terrena era tão cheia de horrores, sofrimento e tristeza devido às circunstâncias, havia necessidade de ensinar as pessoas a ter fé na vida no outro mundo. Ensiná-las a ter esperanças numa outra vida funcionou bem, como se fosse um anestésico para elas, libertando-as, mesmo que por um instante, das angústias e dos sofrimentos dos quais era tão difícil escapar.

3

Reencarnação

O conceito de reencarnação é muito importante em qualquer discussão sobre o sentido da vida e da morte. Outras grandes religiões, como o cristianismo, o islamismo, o confucionismo e o taoísmo, não descrevem o conceito de reencarnação tão claramente como o faz o budismo, que tem nele um de seus principais aspectos[1]. Na verdade, o fato de Shakyamuni ter ensinado esse

---

1. Dizem que o budismo incorporou em sua doutrina o conceito de reencarnação a partir de lendas e crenças antigas da Índia. Há certas teorias que interpretam os ensinamentos de Shakyamuni a respeito da "ausência de ego" dando um enfoque materialista, concluindo que, segundo esse conceito, a alma não existiria e, portanto, a reencarnação seria impossível, uma vez que não haveria sujeito que pudesse vivenciá-la. Uma outra teoria argumenta que não existiria a alma, mas sim o carma, que transmigraria continuamente, tal qual a chama que passa de uma vela para outra.

Entretanto, é um fato histórico conhecido que Shakyamuni se tornou um iluminado e que alcançou três tipos de conhecimento transcendentais: 1) conhecimento acerca das vidas passadas de si mesmo e dos outros; 2) a capacidade de prever a morte e a vida futura das pessoas; 3) a capacidade de se livrar das ilusões e dos apegos pelo conhecimento da Verdade. Estes três tipos de conhecimento transcendental podem ser considerados uma capacidade mediúnica que descreve claramente as características da iluminação de Shakyamuni. Se não houvesse a reencarnação, não seria possível que pudesse conhecer sobre vidas passadas ou futuras.

conceito explicitamente contribuiu para a difusão de seus ensinamentos e explica sua grande influência no mundo atual. Isso é prova de que o budismo é de fato um ensinamento que tem por base a Verdade Divina.

Você consegue imaginar quanta coragem Shakyamuni precisou ter para declarar publicamente uma ideia tão extraordinária como a da reencarnação? No mundo atual, essa ideia é bem conhecida como parte do budismo, por isso as pessoas talvez não a considerem absurda, mas já imaginou a dificuldade de lhes dizer que elas já haviam vivido antes e que iriam reencarnar no futuro, numa época em que elas não tinham a menor ideia disso? Pelo fato de a encarnação estar ligada ao mecanismo de um mundo que ninguém consegue ver, ouvir ou comprovar, muitas pessoas sentem dificuldades em aceitá-la.

Na Índia do tempo de Shakyamuni, a crença na reencarnação era uma forma de fé religiosa. Assim, o

---

Durante as pregações em seus sermões, Shakyamuni mencionou diversas parábolas sobre vidas passadas e falou da possibilidade de obter a iluminação em vidas futuras. Acredita-se que ele obteve poderes divinos com sua iluminação. O fato de Shakyamuni ter tido a capacidade transcendental de conhecer as vidas passadas e futuras contribuíram para que o conceito de reencarnação evoluísse – de uma doutrina baseada em lendas e crenças antigas da Índia para uma doutrina baseada na Verdade búdica e divina. De fato, sendo eu também uma pessoa dotada de capacidade transcendental como Shakyamuni, me surpreendo com as tentativas de interpretação superficiais e terrenas sobre a reencarnação por parte dos estudiosos do budismo, muito tempo após sua passagem.

sentimento geral das pessoas era de que "já que Shakyamuni disse que é assim, vou acreditar". Nem todos estavam bem convencidos da Verdade da reencarnação, mas em geral as pessoas a aceitavam porque respeitavam Shakyamuni e confiavam nele.

A ideia de reencarnação não era exclusividade do budismo. Mesmo as religiões populares da Índia daquela época falavam da transmigração da alma – acreditavam que, em muitos casos, os seres humanos podiam transmigrar para a forma animal, até mesmo como lagartos ou pombos. Essa ideia de que a alma humana podia transmigrar para qualquer espécie de animal resultou na formação de uma consciência voltada à proteção dos animais e aumentou a compaixão pela vida animal, embora essa não fosse uma lei que pudesse ser aplicada universalmente. Shakyamuni, no entanto, que era um ótimo professor e contador de parábolas, usou o cervo, o pombo e outras formas de vida como um recurso eficaz para ajudar as pessoas a entenderem o conceito de reencarnação humana.

A realidade, porém, é que as almas humanas são originalmente humanas há centenas de milhões de anos. A possibilidade de uma alma humana reencarnar como um animal é muito remota. Humanos sempre reencarnam como humanos, exceto em raríssimas exceções, em que uma alma humana experimenta nascer como animal por um breve intervalo de tempo, a fim de passar por um treinamento especial. Além disso, ocorre somente em corpos de animais altamente evoluídos, e por um período de um ano a dois. Esse tipo de treinamento especial serve para ensinar certas pessoas de que a oportunidade de nascer humano é uma dádiva preciosa. Logo, pode ocorrer a situação em que animais domésticos evoluídos como cães e gatos tenham sido humanos na vida passada; como eles ainda possuem sentidos humanos, viver num corpo de animal é uma experiência torturante. Quando uma existência difícil como esta termina, essas almas terão, portanto, compreendido como é maravilhoso reencarnar como humano, mas, como disse antes, isso só ocorre raramente e como extrema exceção.

A compreensão da reencarnação provoca uma mudança revolucionária em nossa perspectiva a respeito da vida. Boa parte do sofrimento humano deriva do fato de as pessoas acreditarem que só vivem uma vez. Quando se tornam bem conscientes de que esta vida presente é apenas um ponto no eterno fluxo do tempo, e que elas viveram no passado e irão viver de novo no futuro, as pessoas compreendem que suas vidas futuras irão depender de sua vida presente e também que poderão escolher que tipo de vida viverão no futuro.

Portanto, se você quer viver feliz no mundo pós-morte, ou em sua próxima encarnação, precisa plantar as sementes da felicidade agora. Isso significa que você já deve fazer os preparativos para ter uma vida gratificante no futuro por meio de seus próprios esforços. Na realidade, a ideia da reencarnação garante a você uma recompensa pelos esforços que fizer agora. É como um investimento que promete um grande retorno no futuro. Desse modo, a ideia de reencarnação ajuda a guiar as pessoas numa direção positiva, pois as estimula a fazerem um esforço no presente. Esse esforço nunca será em vão, pois garantirá a elas um bom retorno no futuro.

4

A Descoberta do Mundo Real

Acabei de analisar a existência do ser humano, a visão da vida e da morte e da reencarnação sob a ótica dos ensinamentos do budismo. Agora gostaria de explicar sobre como Shakyamuni percebia o mundo espiritual, o Mundo Real.

Quando seu grupo de seguidores cresceu e virou uma organização com milhares de discípulos, Shakyamuni, como mestre deles, passou a fazer-lhes grandes sermões uma vez por semana; o resto dos dias, ele limitava suas atividades a alguns poucos encontros com os discípulos mais adiantados. Desse modo, foi capaz de reservar muito tempo para a meditação. Quando meditava ao ar livre, sua alma com frequência abandonava o corpo e ele fazia viagens até o Mundo Real.

A compreensão que Shakyamuni tinha do mundo espiritual era bastante avançada àquela altura. Ele já entendia a natureza do Reino Cósmico da nona dimensão, que não se limita apenas à esfera que circunda o planeta Terra, mas que interliga os reinos espirituais que circundam os outros planetas do universo. Ele sabia que existem espíritos muito adiantados em outras esferas planetárias, e que eles também se submetem a disciplinas espirituais de aprimoramento objetivando a evolução.

Quando Shakyamuni experimentou a expansão infinita de seu corpo espiritual a ponto de se identificar com o universo inteiro, sentiu que este nosso planeta Terra encolheu até virar um pequeno ponto, tão pequeno como se fossem as células de um órgão interno. Por meio dessa experiência, compreendeu como era a sensação de ser o universo inteiro, mas era muito difícil explicar esse tipo de experiência aos seus discípulos. Naquela época na Índia, as pessoas não estavam preparadas para compreender a estrutura do universo, então ele só falava dessas questões por meio de metáforas.

No livro que escrevi, *As Leis da Eternidade*, explico em detalhes como é a estrutura do Mundo Real, mas há cerca de 2.500 anos Shakyamuni já tinha esse mesmo conhecimento, embora sua compreensão estivesse limitada ao contexto das ideias predominantes na Índia de então. Se precisássemos apontar algum problema decorrente dessa limitação, diríamos que nas viagens astrais que ele fazia ao Mundo Celestial só conseguia entrar em contato com espíritos ligados ao mundo espiritual indiano, pois sua visão terrena de mundo não se estendia além da Índia. Era muito difícil para ele entrar em contato com aqueles que habitavam outras áreas do mundo espiritual. Ele também observou muitos espíritos com estilos de vida diversos, que achou peculiares, mas não foi tão longe a ponto de explorar a que lugar eles pertenciam, ou que tipo de vida levavam. Não há dúvida, porém, de que suas experiências concretas no Mundo Real por meio de viagem astral o ajudaram muito quando ele se dedicou a ensinar o sentido da vida e da morte, o propósito da vida humana e a reencarnação. Essa exploração do mundo espiritual deu maior elevação, profundidade e autenticidade aos seus pensamentos.

A experiência que Shakyamuni teve no Mundo Verdadeiro foi semelhante à minha, no sentido de que também entrei em contato com um grande número de espíritos, cujas mensagens publiquei posteriormente. Acredito que a publicação dos meus livros de mensagens espirituais tem ajudado as pessoas a aceitarem a existência do Mundo Real, que é habitado por vários espíritos elevados, e estabeleceu uma base para a publicação dos meus livros sobre as Leis da Verdade Búdica ou Divina.

Afinal, a religião nada mais é do que a ciência do Mundo Real. Qualquer ensinamento espiritual que não tenha como sustentação o verdadeiro conhecimento do Mundo Real deve ser considerado mera filosofia. Não é exagero dizer que a diferença entre filosofia e religião é justamente o compromisso por parte da religião de explorar o Mundo Real de uma maneira científica.

5

Uma Nova Perspectiva do Mundo Material

Depois que você se torna consciente da existência do Mundo Real, de que maneira passa a encarar este mundo físico tridimensional em que vivemos? Para responder a isso, talvez seja mais adequado fazermos uma analogia com as viagens internacionais. Quando você viaja para um país estrangeiro pela primeira vez, experimenta um tipo de vida e uma cultura que são diferentes daquilo com o que você estava acostumado. Se passar um ano num lugar que seja abençoado com uma natureza exuberante, ao voltar para casa, para um grande centro urbano, talvez você estranhe a grande densidade populacional e as ruas estreitas, cheias de trânsito, com as quais antes estava familiarizado.

Do mesmo modo, depois de conhecer o Mundo Real, talvez o tipo de vida que as pessoas levam neste mundo terreno possa lhe parecer inadequado. Esta sensação de estranhamento decorre, em parte, da diferença de valores. Da perspectiva do mundo celestial, o modo de vida das pessoas aqui na Terra, trabalhando, tão atarefadas, dia após dia, faz com que pareçam formigas carregando grãozinhos de açúcar. Essas formigas dedicam toda sua energia na tarefa de coletar comida, e provavelmente acreditam que esse é o supremo objetivo de suas vidas, mas para quem vê seus esforços por uma perspectiva mais ampla, podem parecer bastante fúteis. Do mesmo modo, quando você despertar para os valores do Mundo Real, este mundo material em que vivemos parecerá bastante vazio e efêmero.

Mas esse é apenas o primeiro estágio na observação deste mundo segundo uma perspectiva espiritual. Em seguida, vem a pergunta: por que um mundo tão transitório e fútil precisa existir? Ao meditar profundamente sobre esta questão e tentar entender o verdadeiro sentido deste mundo, você compreenderá que por trás de seu aspecto transitório as circunstâncias vividas neste mundo terreno nos foram fornecidas como material importante de aprendizagem, para auxiliar na nossa evolução espiritual. Além disso, você se tornará consciente de que o corpo físico e as coisas deste mundo não estão em conflito com os valores espirituais. Espírito e matéria são compostos pelos mesmos elementos. A diferença está na maneira como eles se manifestam.

O espírito é composto pela Luz de Buda, ou Deus, e as coisas materiais deste mundo são também manifestações de Sua luz e energia. É como se fossem os diferentes estados assumidos pela água; quando o vapor de água resfria, passa para um estado líquido e esta, por sua vez, quando congelada, transforma-se em gelo, um estado sólido. A água e o gelo têm aspectos diferentes, mas são simplesmente manifestações diferentes da mesma substância. A água corresponde ao espírito no Mundo Real e o gelo corresponde à sua manifestação no mundo material.

Depois que sua percepção do mundo tridimensional se aprofunda e você vai além do estágio em que sente um forte contraste entre o mundo material e o mundo espiritual, você compreende que tanto este mundo quanto o outro são essencialmente o mesmo, embora se manifestem de modo diferente. Quando alcança esse nível de compreensão, experimenta uma guinada completa em sua percepção do mundo terreno, que passa de negativa para positiva. E é capaz, então, de ler o grandioso plano concebido pelo Buda Eterno nas coisas deste mundo.

6

O Conceito Budista de Vazio

O tema da nossa última seção, "uma nova perspectiva do mundo material", na realidade está conectado ao conceito de "vazio" ensinado no budismo. Provavelmente você já ouviu a frase "matéria é vazio, vazio é matéria", contida no Sutra do Coração. Ela é considerada uma das citações mais importantes do budismo, e conhecer essa frase pode fazer as pessoas acharem que já atingiram plena compreensão dos ensinamentos búdicos.

Há dois níveis de compreensão do conceito de vazio. O primeiro é a distinção entre este e o outro mundo. Na frase "matéria é vazio", "matéria" indica este mundo terreno; portanto, a frase significa que este mundo é transitório e sua existência é apenas temporária, que somente o outro mundo é verdadeiro, que tudo neste mundo perece, que cada um de nós, seja humilde ou nobre de nascimento, acabará morrendo um dia, que os corpos irão perecer e apenas a alma retornará ao Mundo Real, que a "matéria" que vemos com nossos olhos existe apenas temporariamente: ela vai se transformar, acabar desaparecendo e retornar para o Mundo Real, e como o Mundo Real é invisível aos nossos olhos, ele é descrito pelo termo "vazio".

Por outro lado, "vazio é matéria" implica que os espíritos no Mundo Real encarnam neste mundo tendo como propósito o aprimoramento espiritual. Eles passam pelo ciclo de reencarnação repetidas vezes, para experimentar a vida num corpo físico. Assim, como o significado da encarnação é a transição do invisível para um estado visível, emprega-se a expressão "vazio é matéria".

Portanto, no primeiro nível de compreensão, a ideia do vazio descreve a diferença entre este mundo material e o espiritual, e o ciclo de reencarnação entre estes dois mundos. Mas existe um nível mais elevado de compreensão, que está ligado à questão: "Qual é a essência do elemento mais básico que constitui tanto as coisas deste mundo como as do outro?"

Para responder a essa questão, gostaria de apresentar um conceito filosófico segundo o qual tudo é composto da Luz de Buda, a luz divina. Eu ensino que o mundo tem uma estrutura composta de várias dimensões, que vai da terceira até a nona dimensão, mas, em última análise, não é que esses mundos existam separadamente, pois tudo o que existe é somente a Luz. Apenas a Luz é real. A Luz de Buda, a luz divina, se transforma e se manifesta em diversos estados, dando origem aos mundos, tanto material quanto espiritual. No mundo espiritual, a Luz de Buda forma os corpos espirituais e também as partículas de luz existentes no interior desses corpos. Quando a Luz de Buda, a luz divina, se manifesta neste mundo tridimensional, são criados os núcleos da "partícula espiritual mais elementar", que está em todas as coisas, as partículas subatômicas, que se reúnem para formar o que os físicos chamam de prótons, nêutrons etc., que por sua vez formam os materiais de todos os tipos.

Essa maneira de descrever o mundo está de acordo com as últimas conclusões da física moderna, que descobriu que as partículas elementares têm características tanto de partículas quanto de ondas vibratórias. Esta característica aparentemente contraditória é naturalmente aceita quando consideramos a verdade de que tudo neste mundo, tanto material quanto espiritual, nada mais é do que uma manifestação da Luz de Buda.

Assim, a energia espiritual da Luz de Buda cria a matéria neste mundo, e quando algo material se desfaz, desintegra-se e se transforma novamente em energia espiritual. Esse conceito da circulação entre energia e matéria explica o conceito de vazio na expressão "matéria é vazio; vazio é matéria". Os avanços na ciência moderna tornaram possível explicar o vazio no contexto da física.

7

Por que o Conceito de Vazio É Importante?

Minha discussão anterior sobre o conceito de vazio leva agora às seguintes questões: "Por que o conceito de vazio é tão importante?" "Por que nos ensinamentos budistas se ensina sobre a questão do vazio?" "Por que esses ensinamentos falam de um mundo que ninguém consegue ver?" "Por que o invisível se transforma no visível e o visível no invisível?" Nesta seção, vou apresentar a Verdade em relação a essas perguntas.

Esse tipo de pergunta na realidade está ligado à origem do Zen, uma variação do budismo. Existe uma prática denominada "método Zen", uma espécie de diálogo que se baseia numa pergunta não convencional. O método consiste em dirigir uma pergunta ao praticante, com o intuito de fazê-lo despertar para sua essência búdica e para a existência do mundo verdadeiro. A ideia por trás dessa prática é que por meio da meditação sobre um tema totalmente desconectado de sua situação presente, a pessoa se tornará desperta para o verdadeiro eu e para sua forma de pensar, como se estivesse vendo a si mesmo refletido num espelho. Por isso podemos dizer que o conceito de "vazio" teria dado origem à corrente Zen anos mais tarde, embora o pensamento Zen, da maneira como existe agora, tenha se desviado um pouco dos ensinamentos originais de Shakyamuni.

Quando pensamos na razão pela qual as pessoas se apegam tanto às coisas deste mundo, compreendemos que é porque elas só conseguem enxergar este mundo, e passam a acreditar que ele é real. Ao ver o corpo, apegam-se a ele. Ao ver uma pessoa do sexo oposto, apegam-se a ela. Se veem comida, apegam-se a ela. No entanto, enquanto uma pessoa estiver apegada a alguma coisa, não conseguirá obter paz de espírito. Só quando ela se livrar de seus apegos é que poderá desfrutar da serenidade interior, que possibilitará uma sensação de verdadeira felicidade. Shakyamuni estava plenamente consciente dessa Verdade, e por isso ensinava o conceito de que "matéria é vazio".

Ele disse: "Ouçam, meus queridos discípulos. Vocês acham que as coisas visíveis deste mundo – seus corpos, as coisas materiais e todas as coisas da natureza – são reais e substanciais? Na verdade, tudo isso é vazio. Nada mais são do que apenas imagens provisórias e temporárias". Você pode imaginar o impacto que esse ensinamento causou nos discípulos?

No entanto, qualquer um que tenha observado uma substância ao microscópio eletrônico irá compreender essa verdade de que "matéria é vazio". O que aos nossos olhos parece sólido, quando ampliado revelará ser um aglomerado de partículas com muito espaço vazio entre elas. As coisas visíveis aos nossos olhos neste mundo são apenas ilusões.

A razão de Shakyamuni ensinar o conceito de vazio era que ele pretendia libertar o coração das pessoas, que tendia a ficar apegado às coisas terrenas, e despertá-las para o mundo dos valores verdadeiros. Este primeiro estágio de negação tem algo em comum com as ideias fundamentais do Zen. Porém, ensinar apenas que "matéria é vazio" seria expor só uma parte da Verdade; o outro lado da verdade, de que "vazio é matéria", também precisa ser ensinado.

Para explicar a ideia de que "vazio é matéria", Shakyamuni declarou: "Todas as coisas deste mundo terreno são criadas pela Vontade do Buda Primordial, Deus. A vontade do Buda não pode ser vista nem tocada. No entanto, quando a vontade do Buda se torna palavra, as coisas se manifestam e passam a existir neste mundo. Este planeta chamado Terra, e todos os animais e plantas que há nele, foram criados por meio da Vontade do Buda. Este mundo foi criado por Sua Vontade e pelo trabalho de uma profusão de elevados espíritos de luz que se dedicam a transmitir Sua Vontade às pessoas". Shakyamuni ensinou que a matéria é vazio e também que o vazio é matéria. Esse tipo de perspectiva bem equilibrada é uma característica importante do pensamento de Shakyamuni.

Em resumo, a ideia do vazio foi ensinada primeiramente como um método para o aprimoramento espiritual, para libertar as pessoas dos apegos deste mundo, mas também como uma maneira de instruí-las sobre a origem deste mundo e da vida humana, para revelar os segredos da Criação. Por causa desses dois objetivos, o ensino do conceito do vazio tem sido considerado de extrema importância.

8

Nada É Permanente

Em relação ao conceito de vazio, existe a ideia antiga e bem conhecida de que "todas as coisas são transitórias". Na literatura clássica japonesa, a expressão aparece no início do "Conto de Heike", a famosa crônica de Guerra do clã Heike, escrita no século 13. Existe um toque de tristeza nesta expressão, e é difícil não se impressionar com o sentimento de derrota e de morte que a permeia. O autor parece dizer que vê a transitoriedade na ascensão e queda dos clãs poderosos.

Quando examinamos a ideia de que "nada é permanente" no contexto do pensamento de Shakyamuni na Índia, há mais de dois mil anos, vemos a sólida perspectiva de uma pessoa que era totalmente consciente da existência do mundo espiritual verdadeiro. "Todas as coisas são transitórias" subentende não só a natureza sempre mutável da existência neste mundo, da perspectiva de alguém que vive na Terra, mas indica também a observação das constantes mudanças e vicissitudes dos assuntos humanos na Terra a partir do ponto de vista do Mundo Real.

Somente aqueles que compreenderam muito bem o que é imutável num mundo em constante mudança é que podem entender o verdadeiro significado do mundo em que vivemos. Todos os feitos humanos serão levados embora pela implacável passagem do tempo, e acabarão desaparecendo. A história é como o fluir de um rio que leva embora todas as conquistas humanas, e só aqueles que estão despertos para o imutável no meio da mudança serão capazes de entender a futilidade do transcorrer deste mundo no seu verdadeiro sentido.

A ideia da transitoriedade de todas as coisas nunca pretendeu ser uma visão pessimista da vida. É uma descrição do estado deste mundo do ponto de vista do mundo espiritual verdadeiro, e ainda continua sendo válida. Quando você despertar de fato para o mundo da Verdade Búdica, poderá sentir que o mundo dos negócios é insignificante. Não importa quantos livros de literatura você tenha lido, sentirá como se tudo não passasse de um enorme deserto árido. Diante do vasto oceano da Verdade Búdica, todas as coisas deste mundo são como a espuma nas ondas do mar, fadadas a desaparecer. Assim, a não ser que você continue a aprender aquilo que tem verdadeiro valor espiritual, e a absorver o que pode nutrir sua alma, nunca conseguirá compreender o verdadeiro significado da vida nesta Terra.

Para resumir a explicação do conceito de que "nada é permanente", gostaria de dizer que esta ideia não deve ser entendida simplesmente como uma maneira pessimista de encarar a vida. Ela significa que aqueles que são capazes de olhar para este mundo da perspectiva do Mundo Verdadeiro podem experimentar momentos em que as coisas que costumavam achar atraentes e de grande valor perdem sua magia. Quando você desperta para os valores do Mundo Real, os dias gastos competindo por alguma promoção ou ocupado com problemas em suas relações amorosas parecem sem valor. No entanto, lembre-se de que essa compreensão é apenas o primeiro passo em direção à iluminação.

9

O Vazio e o Nada

Há outro conceito bastante similar à ideia do vazio, que é a ideia do "nada". Esse é um assunto muito amplo e talvez exigisse um livro inteiro para ser discutido em detalhe, por isso nesta seção pretendo dar apenas uma breve explanação desse conceito.

O vazio e o nada parecem semelhantes, mas será que querem dizer a mesma coisa? Como tenho explicado, o vazio não significa que nada existe; ao contrário, implica um estado de mudança constante, e indica que a energia de Buda ou Deus se transforma numa multiplicidade de formas. Aquilo que tem forma transforma-se no que não tem forma, e aquilo que não tem forma transforma-se no que tem forma. O termo "vazio" significa esse processo. Consequentemente, pode-se dizer que o vazio expressa a lei do movimento recorrente do universo, que consiste nos processos de nascimento, desenvolvimento, declínio e morte, isto é, a extinção.

Por outro lado, o "nada" não expressa a lei do movimento recorrente do universo, porque o nada é uma negação, que implica que nada existe. Desse ponto de vista, podemos dizer que o vazio está ligado ao tempo e o nada à existência do ser.

A chave para desvendar os segredos da ideia de vazio é o conceito de tempo. Na realidade, ela expressa a natureza essencial do tempo. O conceito de tempo envolve mudança, e o tempo não pode existir num espaço onde não haja mudança, onde tudo tenha cessado e continue completamente parado. O tempo é gerado apenas quando todas as coisas mudam e são transformadas, quando são mutáveis. Consequentemente, o conceito de vazio remete à teoria do tempo. O tempo infere o processo recorrente de extinção, que é o nascimento, o desenvolvimento, o declínio e a morte.

Em contraste com isso, a chave para explicar a ideia do nada é a teoria da existência. Qual é então a natureza do nada em relação à teoria da existência? Isso nos leva a outra questão: "Como devemos encarar a Vontade que criou este universo?" Tendemos a conceber qualquer existência como sendo sólida, imutável e estável. A ideia do nada nos faz questionar, da mesma forma como se faz no Zen, se essa maneira de ver o mundo é de fato correta. "Será que a casa onde você mora realmente existe? Será que a Terra possui existência real? Será que você existe mesmo? E o que dizer do chão sobre o qual você está em pé agora, das pedras, dos animais?" Em outras palavras, a ideia do nada nos coloca diante da seguinte questão: "Se o tempo parasse e não houvesse mais a passagem do tempo, seria possível que as coisas existissem?"

A ideia de vazio envolve a passagem do tempo, mas com a ideia do nada, o tempo é detido; este conceito questiona se o mundo ou o universo inteiro poderiam continuar a existir caso o tempo fosse congelado num único momento. À luz dessa questão, o mundo que as pessoas supõem ser sólido revela ser apenas uma projeção da Vontade do Buda Eterno, que é a origem de toda a existência. Em outras palavras, a estrutura em várias camadas dos mundos da nona, oitava, sétima, sexta, quinta, quarta e terceira dimensões nada mais é do que a projeção da Vontade de Buda na tela de cada dimensão, onde aparecem imagens de paisagens e habitantes, como num filme.

Sobre esta tela estão projetados Tathagatas ou Nyorais (habitantes da nona e oitava dimensões), Bodhisattvas ou Bosatsus (habitantes da sétima dimensão), os habitantes do Reino da Luz da sexta dimensão, ou do inferno na parte inferior da quarta dimensão. São apenas imagens projetadas sobre uma tela: assim que a luz do projetor é desligada, as imagens desaparecem. Esta é a explicação sobre como o mundo está estruturado. Na realidade, a ideia do "nada" explica que o mundo é a projeção do pensamento e da vontade de Buda, Deus, de modo que as coisas podem de repente passar a existir e, da mesma forma, podem desaparecer de repente, segundo a Sua Vontade.

As ideias de "vazio" e "nada" podem parecer muito similares, mas estão associadas a uma teoria do tempo e a uma teoria do espaço respectivamente. Ou seja, são visões do mundo a partir da perspectiva do tempo (o vazio) e da perspectiva do espaço ou da existência (nada).

10

Um Novo Desenvolvimento da Teoria do Vazio

No contexto da sociedade moderna, a teoria do vazio acaba tendo pontos em comum com a física moderna. No presente, as teorias da física parecem ter chegado a um beco sem saída nos estudos das partículas elementares e da estrutura do universo. O que a moderna física poderá nos revelar além desses limites são mistérios, são as maravilhas do mundo espiritual. Não haverá avanços adicionais na física, a menos que ela trabalhe arduamente para revelar os segredos do mecanismo e da estrutura do Mundo Real.

Se fôssemos interpretar a ideia do vazio de modo futurista, ela poderia ser equiparada à análise da Luz de Buda como fonte das partículas elementares, e também como a ciência do mundo espiritual que vai além da teoria da relatividade de Einstein. A teoria de Einstein tinha por base o pressuposto de que quando a velocidade da luz é constante, ocorrem distorções no tempo e no espaço. Enquanto a física newtoniana propunha leis baseadas na premissa de que o tempo e o espaço eram constantes, a teoria de Einstein fundamenta-se na ideia de que a luz tem velocidade constante e, com base nesse eixo, ocorre a distorção de espaço e tempo; em outras palavras, o tempo é alongado e encurtado, e o espaço é distorcido. No entanto, digo-lhes que a teoria de Einstein está prestes a ser superada.

Em algum momento haverá a descoberta de uma velocidade superior à da luz, a "velocidade espiritual", e se chegará ao conhecimento de que mesmo a velocidade da luz não é constante, que ela não é o critério final. A velocidade espiritual é muito superior à da luz, e é por isso que no mundo espiritual é possível ver o futuro. Se você pudesse viajar mais rápido do que a luz, poderia ver a luz antes que ela fosse emitida pelo Sol. Ou seja, temos a possibilidade de ver o mundo de amanhã. A velocidade espiritual se tornará o fundamento da nova física que está por surgir. E com essa previsão, gostaria de encerrar este capítulo.

Capítulo Cinco

A Lei de Causa e Efeito

1

O Vínculo Invisível Existente entre as Pessoas

Neste capítulo, gostaria de tratar da Lei de Causa e Efeito, outra chave importante para compreender os ensinamentos de Shakyamuni. No Japão, onde os ensinamentos do budismo há muito tempo se tornaram uma tradição, as pessoas creem na existência de um vínculo invisível entre os seres humanos e dão muito valor a essa ligação. Por isso, há um ditado popular que diz: "Até mesmo as pessoas com as quais você esbarra sem querer na rua têm alguma conexão de vidas passadas com você".

O vínculo espiritual explica que não existem coincidências neste mundo. Assim, ao encarar as relações humanas, devemos perceber que existe o princípio de amor oculto por trás delas. Em outras palavras, é preciso enxergar que as pessoas estão ligadas por laços invisíveis. A partir desse conceito, qualquer pessoa com quem você tenha contato, mesmo um encontro que pareça ser por puro acaso, está na verdade predeterminada por esses laços invisíveis. Talvez isso possa ser encarado como fatalidade, mas o fato de os relacionamentos já terem sido previamente arranjados no Mundo Celestial é significativo, pois indica uma predisposição de encontrar uma ligação entre as pessoas por meio da providência divina do Buda Primordial, em vez de nos distanciarmos delas ou encará-las como estranhas.

Atualmente, a população de espíritos existentes no mundo espiritual está estimada em pouco mais de cinquenta bilhões. Desses espíritos, um número bem limitado nasce num determinado local e lugar e numa determinada época, para que eles possam criar uma civilização específica daquela região ou nação e também desenvolver relações entre si. Consequentemente, você pode supor que aquelas pessoas com as quais encontra, que nasceram no mesmo lugar e época que você, fazem parte de um grupo bem específico de espíritos. Na verdade, se você pudesse conhecer as vidas passadas das pessoas à sua volta, descobriria que já teve relacionamentos com elas no passado.

Das numerosas pessoas que você encontra neste mundo, uma pode, por alguma razão, tornar-se extremamente próxima; pode se tornar seu amigo, esposo ou esposa, professor ou aluno. É difícil encarar esses relacionamentos como mera coincidência. Na realidade, você já teve relacionamentos próximos com essas pessoas em vidas passadas, também; e relacionamentos passados, como os de pai e filho, irmão e irmã, amigo e amiga, repetem-se de diferentes formas. É claro, também podem formar-se relacionamentos novos nesta vida, mas mesmo esse tipo de vínculo recém-formado é resultado de orientação celestial, e irá evoluir para outras formas diferentes de relacionamento em vidas futuras.

O sucesso e o fracasso na vida têm muito a ver com as relações humanas, que na verdade são afetados por uma sequência invisível de vínculos.

Dependendo do seu relacionamento com os outros, seu negócio pode ir bem ou fracassar, você pode obter uma promoção ou não. Baseado nos ensinamentos de Buda, o conceito do vínculo invisível que existe entre as pessoas pode ser explicado como uma teoria das relações humanas. É também uma forma de pensar no amor, sob um novo ângulo.

2

A Lei de Causa e Efeito

Prosseguindo nesta minha breve ilustração dos vínculos espirituais e invisíveis entre as pessoas, gostaria de falar sobre a Lei de Causa e Efeito, também característica dos ensinamentos transmitidos no budismo.

Quando você olha para um casal, tendo a perspectiva do vínculo espiritual em mente, pode achar que eles estão casados por causa de algum vínculo conjugal que tiveram numa vida passada. Esse tipo de percepção em geral baseia-se no fato de que certas ações produzem certos efeitos; uma boa causa irá produzir um bom efeito, e uma má causa produzirá um mau efeito. Essas causas e efeitos são controlados por uma das leis mais fundamentais que governam a vida humana. A razão de o budismo ter sido bem-sucedido como filosofia e também como religião é que ele envolve um conhecimento profundo desta Lei de Causa e Efeito.

Por que os relacionamentos aos quais estamos sujeitos agora – pai e filho, irmão e irmã, marido e mulher – em muitos casos têm sua origem em vidas passadas? A razão é que as pessoas das quais hoje somos próximos são aquelas com quem mantivemos relacionamentos também no passado. Pelo fato de que "fomos felizes juntos e gostamos do relacionamento no passado", seja de marido e mulher, pai e filho ou irmã e irmão, nossos relacionamentos de vidas passadas se repetem agora.

Se você pensar desse modo, compreenderá que todo dia está plantando as sementes das causas que criarão o futuro. Se você plantar sementes todo dia, irá ver os efeitos de suas ações na maneira como essas sementes brotam e crescem.

Podemos dizer que a Lei de Causa e Efeito é aquela em que se baseia a filosofia budista do sucesso, e também a filosofia da felicidade. As pessoas com frequência compreendem mal o budismo, pensando que ele ensina apenas o sofrimento humano e que se concentra no lado mais triste da vida humana, mas isso não é verdade. Como muitos outros grandes filósofos, Shakyamuni ensinou a filosofia da felicidade, cujos princípios estão resumidos na Lei de Causa e Efeito.

Para colher o fruto chamado "felicidade", você precisa plantar as sementes da felicidade, depois regá-las, fertilizá-las e colocá-las ao sol para que cresçam. Esta Lei de Causa e Efeito é uma parte importante para se conquistar o sucesso. É uma lei universal. Toda pessoa pode praticar esta lei em sua vida diária, e irá confirmar que todo esforço sincero sempre será recompensado de alguma forma.

Claro, às vezes o esforço que você faz talvez não possa ser recompensado diretamente. Por exemplo, você pode não conseguir passar no exame vestibular, mesmo tendo estudado muito para isso. No entanto, seu esforço árduo nunca será perdido; ele produzirá um efeito positivo no seu futuro. Por outro lado, como diz o provérbio, "Notícia ruim chega rápido"; se em segredo você agir de forma maldosa, mesmo que não queira, isso será revelado e lhe trará infelicidade.

Ao procurar compreender as regras que governam a vida, perceberá que ela é a manifestação de uma sequência de causas e efeitos. As sementes que você plantou podem não dar frutos durante este seu período de vida, mas também é verdade que você jamais colherá flores se não tiver plantado sementes para isso.

Para ensinar esta verdade, Shakyamuni disse: "Você não deve simplesmente ficar se lamentando por sua infelicidade, porque ela é resultado do seu passado; em vez disso, continue plantando sementes de felicidade para o futuro. Afinal de contas, não ensinei a vocês que devem fazer esforços para se aprimorar, realizar a prática de oferendas e divulgar os ensinamentos da Verdade para muitos, desejando em seus corações guiá-los até a felicidade? Esses atos virtuosos irão ao final trazer-lhe a felicidade. Talvez você não seja capaz de colher os frutos de seu esforço enquanto viver aqui na Terra, mas virá um tempo em que receberá seus frutos, e se não for neste mundo, talvez quando retornar ao Mundo Celestial. É como se você fosse acumulando tesouros no Mundo Celestial". Espero que você tenha compreendido que a Lei de Causa e Efeito é um princípio para a obtenção da felicidade ao longo do tempo.

3

O Que É o Carma?

A discussão sobre a Lei de Causa e Efeito nos leva a considerar o conceito do carma. Costuma-se dizer que os seres humanos são controlados pelo carma. Apesar de nascermos todos iguais, ao olhar para a vida das pessoas ao seu redor você percebe diferenças, não só em termos de aparência como também de vida interior. Onde podemos encontrar a origem dessas diferenças? Talvez você sinta que suas raízes não estão necessariamente na vida presente; se os seres humanos reencarnam eternamente, os efeitos cumulativos das vidas passadas irão exercer alguma influência.

Ao examinarmos o carma, em geral ele envolve tanto aspectos positivos como negativos, mas a palavra carma costuma ser interpretada de forma negativa. Na tradição budista, carma é um conceito usado para explicar a razão dos sofrimentos que alguém encontra na vida. Por exemplo, se você foi ferido por alguém, isso pode se dever ao fato de que numa vida anterior você feriu alguém; a razão de você ser cego nesta vida pode ser pelo fato de ter tirado a visão de alguém numa vida passada; se você sofre de alguma deficiência que afeta suas pernas, pode ser resultado de ter, numa vida passada, causada danos às pernas de alguém; você pode sofrer humilhação nesta vida por ter humilhado alguém numa vida passada; se nesta vida você se sente amaldiçoado, talvez seja porque numa vida anterior tenha amaldiçoado alguém, e assim por diante.

De acordo com essa lógica, o acúmulo de ações incorretas no passado resultará em carma, e este terá uma influência negativa na sua vida presente. A maior parte dos infortúnios que você experimenta nesta vida pode ser reflexo dos ressentimentos causados às outras pessoas, e os pensamentos negativos delas e seus sentimentos negativos podem estar impedindo que você obtenha sucesso. Em geral, é assim que as pessoas tendem a interpretar o carma.

No entanto, como resultado da minha própria experiência em fazer leituras espirituais das vidas passadas das pessoas, posso afirmar que eventos de vidas passadas realmente têm algum peso nesta vida. Se a vida de uma pessoa for considerada como um caderno de exercícios repleto de problemas a serem resolvidos, de fato em muitos casos os problemas mais importantes têm origem não apenas nesta vida, mas também em vidas passadas. No entanto, as dificuldades da vida não devem ser encaradas de modo fatalista, como se fosse uma punição pelos pecados cometidos em vidas passadas.

Alguém que cometeu assassinato numa vida passada talvez possa vir a ser assassinado nesta vida. No entanto, isso não precisa ocorrer necessariamente como uma punição por seu crime passado. Uma pessoa pode escolher voluntariamente assumir o papel de vítima. A verdade é que os seres humanos só aprendem pela experiência, por isso uma pessoa pode escolher voluntariamente ter uma vida difícil.

Esse plano principal da sua vida não contém apenas coisas boas. Ele envolve os passos necessários para que a alma obtenha o máximo crescimento e desenvolvimento possível. Antes de descermos para levar uma vida terrena, cada um de nós traça um plano de vida, totalmente consciente dessas condições.

Colocando as coisas de maneira mais atual, o carma pode ser explicado como as tendências da alma, porque o carma é o registro das memórias de vidas passadas que permanece em cada alma. Cada pessoa tem tendências características da sua alma individual, e quando reaparecem situações similares às que foram vivenciadas em vidas passadas, as pessoas tendem a repetir os mesmos padrões de ação e caírem nos mesmos tipos de armadilhas. Quando você pensa no carma como tendências da alma, é importante que faça a si mesmo a seguinte pergunta: "Quais são as tendências predominantes da minha alma? Com base nelas, que tipo de problemas provavelmente poderei encontrar na vida?" A resposta será diferente de pessoa para pessoa.

Gostaria que você entendesse a palavra "carma" como "tendências da alma". Se você olhar para suas próprias tendências e considerar cuidadosamente o que poderá fazer a respeito, será capaz de viver de modo construtivo.

4

Destino

Esta discussão sobre a Lei de Causa e Efeito e o carma pode ter deixado algumas pessoas imaginando onde é que o destino se encaixa nisso tudo; portanto, vamos examinar a questão do destino. Podemos começar vendo se o carma e o destino são ou não a mesma coisa. Na realidade, é possível dizer que o carma é um dos elementos que constituem o destino de uma pessoa.

Se você costuma dirigir carros, sabe que cada carro tem suas próprias características. Há carros rápidos ou lentos, que consomem pouco ou muito combustível. Alguns são melhores nas curvas fechadas, outros dão problema nas subidas íngremes, ou têm um porta-malas pequeno demais. As tendências individuais de cada alma funcionam de modo similar. Podemos compará-las às diferentes características de cada modelo de carro.

Vamos imaginar que cada pessoa ande pela vida como se estivesse dirigindo um carro. Nesse caso, é importante que ela dirija o carro da maneira mais adequada ou se adapte o melhor possível à suas características. Se você encarar o destino como o rumo que a vida assume, o carma pode ser visto como os diferentes níveis de desempenho dos carros conforme são dirigidos pela estrada do destino, ou como as diferentes características dos navios, descendo o rio do destino. Com base numa determinada situação e nas tendências da alma de cada um, é possível prever que tipo de vida uma pessoa viverá.

Para melhor compreender isso, talvez seja útil comparar com o que ocorre num jogo de boliche. Se você lança a bola numa certa direção com uma certa força, pode tentar prever quantos pinos conseguirá derrubar. Da mesma forma, é possível prever o resultado de sua própria vida.

Talvez a questão fundamental que deva ser respondida é se existe ou não o que chamamos de destino. A resposta é que existem diversos fatores que formam o que conhecemos como destino, embora em cada caso o conteúdo e a extensão da influência de cada um dos fatores seja diferente. O primeiro fator é o *carma*, ou as tendências da alma; o segundo fator é a família e o ambiente em que você vive; o terceiro é sociedade e a época em que você vive; o quarto fator é seu esforço e o quinto fator é a ajuda dos outros.

Dos cinco fatores que compõem o destino, o quarto – seu esforço – e o quinto – a ajuda dos outros – são indefinidos, ao passo que os outros elementos – a tendência da sua alma, a família, a sociedade e a época em que vive – são definidos antes do seu nascimento. Portanto, podemos dizer que, até certo ponto, seu destino já terá sido determinado e não poderá ser alterado, mas existe ainda a possibilidade de mudanças, dependendo dos esforços que você fizer e da ajuda que tiver dos outros.

Para finalizar esta seção, gostaria de dizer que seu destino é formado por uma combinação de condições predeterminadas no momento em que você desce para nascer e por diversos outros fatores posteriores, os quais você pode mudar por meio de seus esforços.

5

A Natureza do Livre-arbítrio

Ligada à discussão sobre o destino, gostaria de destacar agora a questão do livre-arbítrio. Se você perguntar se existe algo como o livre-arbítrio, a resposta será sim, mas a verdade é que embora você possa exercer sua vontade própria, ela está sempre sujeita às restrições impostas por fatores externos.

Vou usar o exemplo de um trem lotado, no horário de pico. Vamos supor que você embarca no último vagão do trem e quer ir passando de vagão em vagão até o primeiro. É possível fazer isso nesse horário em que você chegou à estação? Com certeza será quase impossível conseguir atravessar o trem inteiro espremendo-se e tentando abrir caminho no meio da multidão. Em tese, você pode fazer esse percurso andando, mas na prática fica quase impossível, devido à presença de todas aquelas pessoas intercaladas à sua frente no trem superlotado. Ao contrário, se você quiser ir do último vagão até o primeiro fora do horário de pico, não haverá problema. A diferença entre essas duas situações é a chave para compreender a questão do livre-arbítrio. Na vida, às vezes você encontra situações que não tem como mudar, por mais que deseje, e outras vezes depara com ótimas condições para achar seu caminho e realizar sua vontade. É importante saber avaliar em que tipo de situação você se encontra. Quando não conseguir abrir o caminho por seu próprio esforço, como se o trem estivesse cheio de pessoas, não será capaz de se mover à vontade, a não ser que encontre um caminho alternativo.

Uma forma de resolver esse problema seria esperar até que as outras pessoas descessem do trem e abrissem espaço. Outra maneira seria sair do último vagão e ir andando pela plataforma até o primeiro. Mas esta opção ignora completamente o fato de que isso deveria ser feito sem que você descesse do trem, e significa que você estaria usando o seu livre-arbítrio de uma maneira excepcional. Isso é similar a certos momentos na vida em que acontece algo inesperado, como se você tivesse todos os seus laços com o passado cortados e entrasse numa dimensão nova. Nesse exato momento, seu destino começará a mudar. Em situações assim, se você não consegue avançar do jeito usual, deve ser capaz de avançar de um modo inesperado.

Consequentemente, é adequado pensar na existência de dois níveis de livre-arbítrio que você pode exercitar para solucionar problemas. O primeiro é o exercido em condições normais: se você é incapaz de forçar uma mudança na situação, a única coisa a fazer é esperar. O segundo nível é o que oferece alguma maneira excepcional de exercitar o livre-arbítrio: se você não consegue se mexer dentro do trem, pode empreender uma ação decisiva, como sair do último vagão e ir andando pela plataforma até o primeiro vagão.

Alcançar a iluminação seguindo as disciplinas de aprimoramento pelo caminho búdico pode ser comparado à situação do passageiro que encontra dificuldades para atravessar os vagões de um trem lotado e toma a decisão de descer por um momento à plataforma para avançar. É claro, existe o perigo de perder o trem – ele precisa sair logo do vagão, andar rápido o suficiente e voltar a entrar antes que as portas se fechem. Talvez esse risco seja equivalente ao rigor com que deve ser encarada a disciplina espiritual em busca da iluminação. Na essência, essa disciplina é um método especial de abrir caminho e superar as dificuldades. É uma maneira muito especial de exercitar seu livre-arbítrio para alcançar resultados inesperados.

6

O Conceito de Inferno

Expandindo nossa discussão sobre a Lei de Causa e Efeito, chegamos aos conceitos de céu e inferno. O budismo explica os vários reinos do Mundo Celestial e do inferno com uma riqueza maior de detalhes do que o cristianismo, e isso se deve muito ao fato de que, em sua vida terrena, Shakyamuni costumava realizar viagens astrais a diferentes reinos do outro mundo.

Durante a meditação, Shakyamuni com frequência saía do corpo e ia visitar várias regiões do Mundo Celestial e do inferno. Depois, narrava aos seus discípulos os detalhes de suas experiências nessas viagens. À medida que ouviam histórias sobre o outro mundo, aos poucos eles conseguiam formar uma ideia mais clara do Mundo Celestial e do inferno, e sua crença nessas noções se fortalecia cada vez mais.

O budismo descreve o Mundo Espiritual e o inferno com muita clareza, enquanto o cristianismo, embora ensine que as pessoas que não creem em Cristo vão para o inferno, não apresentam muitos detalhes. A razão pela qual os ensinamentos búdicos descrevem as diversas regiões do mundo espiritual e do inferno e seus habitantes com tanta clareza é que o próprio Shakyamuni era um médium bastante poderoso. Muitos de seus discípulos, inclusive aqueles que viveram muitos anos após sua morte, também possuíam poderes mediúnicos e puderam captar a existência dos domínios sombrios do outro mundo conhecido como inferno.

As razões para que fossem ministrados ensinamentos sobre o conceito de inferno podem ser resumidas nos dois pontos seguintes. A primeira é educar. Quando as pessoas acreditam que a morte é a última e definitiva etapa da vida, ficam mais tentadas pelas muitas formas de prazeres mundanos e com isso sofrem as agudas dores que resultam do apego. O budismo, porém, ensina desde tempos remotos que após a morte existe a vida, sem sombra de dúvida, e que aqueles que vivem a vida neste mundo terreno com maus pensamentos e atitudes maldosas serão submetidos inquestionavelmente a um julgamento. Como esse tipo de ensinamento despertava o medo nas pessoas, contribuía para sua conscientização e fortalecimento da fé.

Tanto nos tempos antigos como nos atuais, as almas mais adiantadas estão preparadas para ouvir ensinamentos mais avançados, ao contrário daqueles que não são tão evoluídos, que muitas vezes só acreditam e aprendem ao se sentirem ameaçados pela possibilidade de um desastre ou infelicidade que possa afetá-los pessoalmente. Assim, revelar às pessoas o risco que estão correndo serve como um recurso eficiente para despertar as pessoas.

A segunda razão para se ensinar o conceito de inferno é esclarecer a verdadeira natureza da existência humana. Depois que abandonamos este mundo terreno, o lugar para onde vamos é constituído apenas por pensamentos. As pessoas cujas mentes estão preenchidas por pensamentos diabólicos irão vagar sob a forma de demônios. Aquelas cujas mentes estão cheias de pensamentos de vingança se transformarão em fantasmas vingativos. Isso ilustra bem o quanto os pensamentos humanos são substanciais, e como pensamentos inferiores podem criar uma realidade igualmente inferior.

7

A Realidade do Inferno

Para muitos, o inferno não passa de algo meramente imaginário, mas ele não é apenas um pensamento, é uma realidade. O fato de ele existir não significa necessariamente que tenha sido criado pelo Buda Primordial, Deus. De qualquer modo, para aqueles que habitam esse reino, ele sem dúvida é uma realidade.

Que tipo de sonhos você tem quando está doente e com febre alta? Provavelmente sejam sonhos sombrios, ligados a um mundo frio, triste. Talvez em seus sonhos você veja que está sendo perseguido por alguém com a intenção de matá-lo, ou uma cena em que cai num precipício ou que sofre um grave acidente. Quando passa por experiências desagradáveis em seus sonhos, é muito provável que esteja tendo um vislumbre do inferno. Pode-se dizer que o inferno é um verdadeiro pesadelo.

Uma boa coisa a respeito do sonho é que depois que você acorda, tudo aquilo termina. Ao contrário, o pesadelo do inferno não termina tão facilmente; pode demorar centenas de anos até que se consiga acordar desse pesadelo. Os habitantes do inferno sempre dizem: "Isso deve ser um sonho, um pesadelo. Uma situação terrível como esta não pode ser real". Estranhamente, porém, os pesadelos deles não vão embora com facilidade, porque para essas pessoas são a sua realidade, e a menos que mudem a si mesmos, não conseguirão escapar daquilo.

O céu e o inferno não existem em determinado lugar do mundo invisível. Do mesmo modo que o paraíso não fica lá no alto do Mundo Celestial, o inferno tampouco fica nas profundezas da terra. O céu e o inferno compartilham simultaneamente o espaço deste mundo em que habitamos. É dentro deste mundo tridimensional que fica o outro mundo, e é a partir do interior do coração das pessoas que existe a conexão com as diversas partes desse outro mundo.

Embora não sejam visíveis aos olhos humanos, o inferno e o Mundo Celestial existem no espaço que habitamos, nas ruas pelas quais andamos, nos edifícios onde trabalhamos e nas escolas que frequentamos. Embora você tenha apenas a consciência de estar andando por uma rua muito bem asfaltada, nesse mesmo lugar pode estar despontando um inferno, um lugar onde as pessoas se matam. É um mundo muito estranho, mas haverá um tempo em que esses sonhos não serão mais sonhos, e os pensamentos se tornarão realidade. É possível pensar no outro mundo como um lugar onde o tempo em que você está acordado e o tempo em que você está dormindo se invertem.

Alguns dos nossos sonhos parecem muito reais, e você já deve ter experimentado a sensação de estar vendo a continuação de um sonho que já teve antes. Quando isso acontece, é provável que esteja experimentando de novo uma visita que já fez antes ao mundo espiritual. Ao revisitar o mundo espiritual, você pode ver a continuação de cenas que já presenciou na sua última viagem.

Se você quer saber se seu coração e sua mente estão sintonizados com o inferno ou com o Mundo Celestial, é só examinar o que está experimentando em seus sonhos. Se você sonha com frequência que está compartilhando a alegria com outras pessoas em algum lugar tranquilo, então você pertence ao Mundo Celestial. Ao contrário, se em seus sonhos você tende a experimentar situações sombrias, tristes, cheias de dificuldades, onde é difícil ter paz de espírito, é sinal de que está visitando o inferno durante o sono. Nesse caso, gostaria que você soubesse que isso pode sugerir o lugar para onde você poderá ir após a morte.

O que você fará quando o sonho deixar de ser um sonho e se tornar realidade? Quando esta situação chegar, a única coisa à qual poderá recorrer é ao seu conhecimento da Verdade Búdica. Assim, a diferença crucial estará no fato de você ter estudado ou não as Verdades Espirituais ensinadas por Buda. Se tiver se dedicado profundamente a esse estudo em sua vida terrena, saberá como escapar do pesadelo do inferno. Mas aqueles que não tiverem estudado a Verdade não terão a menor ideia do que fazer, e no inferno não há nenhuma escola para ensinar isso. O ditado "Saber é poder" é de fato uma Verdade.

8

O Conceito de Mundo Celestial

Vamos agora examinar como o budismo explica o Mundo Celestial. De acordo com os ensinamentos búdicos, o Mundo Celestial pode ser dividido em três regiões. Primeiro, há o reino dos seres humanos, para onde vão as pessoas bondosas, de bom caráter. Em segundo, existe o reino paradisíaco, para onde vão aqueles que, pelas práticas de aperfeiçoamento espiritual, alcançaram iluminação elevada e se tornaram pessoas de intensa luz. E acima deste fica o reino búdico ou reino divino, habitado por Deus ou Buda, e pelos demais deuses. Esta é a imagem do Mundo Celestial conforme o budismo.

A partir da minha observação, porém, vi que esse mundo conhecido como Mundo Celestial divide-se ainda em vários outros níveis diferentes, segundo as características dos seus habitantes. Trata-se de uma estrutura bastante minuciosa, composta por dimensões cuidadosamente segmentadas. Embora eu utilize as denominações quarta, quinta, sexta, sétima, oitava e nona dimensões para explicar o outro mundo, cada dimensão na verdade divide-se em partes menores. O outro mundo é composto por consciências ou pensamentos, por isso até mesmo uma diferença sutil no nível de consciência entre os habitantes já faz com que vivam em mundos distintos. Como resultado, o "Mundo Celestial" consiste de vários reinos diferentes.

O Mundo Celestial pode ser dividido genericamente em vários níveis: o Reino dos Bondosos (quinta dimensão), cujos habitantes despertaram para a benevolência humana; o Reino da Luz (sexta dimensão), cujos habitantes obtiveram sucesso na Terra e ao mesmo tempo possuíam benevolência em seus corações; e acima destes o Reino dos Bodhisattvas, Bosatsus ou anjos (sétima dimensão) e o Reino dos Tathagata, Arcanjos ou Nyorais (oitava dimensão), onde vivem os espíritos altamente evoluídos ou anjos.

O budismo afirma explicitamente a existência do reino dos espíritos elevados e anjos, e que tais espíritos se dedicam a diversos tipos de trabalhos. A descrição das ocupações dos espíritos celestiais é uma das características do budismo. O outro mundo está conectado a este mundo, e aqueles que vivem aqui vão acabar voltando ao outro; portanto, é de se esperar que não haja tanta diferença entre este e o outro mundo. Assim como toda pessoa na Terra tem um trabalho a fazer, também os habitantes do outro mundo estão ocupados cumprindo suas tarefas.

9

A Realidade do Mundo Celestial

Como é o Mundo Celestial realmente? Como você iria se sentir se estivesse lá? Dizem que o Mundo Celestial está preenchido por uma luz brilhante. Muitas vezes ele é chamado de mundo da felicidade infinita, ou do verão eterno. Pode ser chamado também de mundo da felicidade. Se eu fosse descrevê-lo em termos terrenos, diria que o Mundo Celestial é como um lugar onde os amigos íntimos se reúnem e sentem imenso prazer em poder conversar animadamente uns com os outros.

A característica mais marcante dos habitantes do Mundo Celestial é, numa palavra, a inocência. São despretensiosos e puros. Têm um coração de ouro, que é o requisito básico para morar no Mundo Celestial. Os habitantes do Mundo Celestial estão sempre dispostos a ser gentis com os outros e ao mesmo tempo querem fazer o que seja verdadeiramente bom para eles mesmos. Fazem o bem pelo desejo de espalhar a felicidade à sua volta, e evitam causar qualquer dano aos demais.

Se eu fosse fazer um resumo dos requisitos mínimos para se viver no Mundo Celestial, um deles seria que a pessoa deve ser capaz de viver sempre com um sorriso no rosto, não um sorriso superficial, mas um sorriso natural. É assim que vivem os habitantes do Mundo Celestial. Por isso, quando você praticar a autorreflexão, se não conseguir identificar o que precisa melhorar em si mesmo, sugiro que faça um exercício mental simples: imagine que você não tem nenhum status social, posição ou reputação em que possa se apoiar, e então tente imaginar honestamente se mesmo assim você ainda teria um sorriso natural no rosto.

Outro ponto a considerar é que entre aqueles que estão no Mundo Celestial não há ninguém que tenha sido odiado pelos outros enquanto vivia aqui na Terra. Isso pode parecer simplista, mas é muito verdadeiro: o Mundo Celestial é um lugar onde moram as pessoas que eram amadas pelos outros. Aqueles que são amados na realidade são aqueles que amam as pessoas. Naturalmente, aqueles que amam o próximo são amados.

Assim, se você quer voltar para o Mundo Celestial, precisa ser sincero, viver sempre com um sorriso no rosto, dar amor a muita gente e ter muitas pessoas em volta que gostam de você. Se não conseguir satisfazer essas exigências simples, a porta do Mundo Celestial não poderá ser aberta para você.

Aqueles que se vangloriam da sua esperteza, que são convencidos e vaidosos e levam os outros a ficarem ressentidos com eles, devem parar um momento e refletir. Para onde vão essas pessoas que os outros odeiam? "Ser amado pelos outros" é muito diferente de desejar que os outros amem você. Ou seja: aquelas pessoas cuja presença causa desconforto aos demais não podem viver no Mundo Celestial, que é um lugar onde tudo o que você pensa é transparente. É como se os outros pudessem enxergar o que se passa na sua mente. Portanto, se você abriga maus pensamentos, não poderá viver ali em harmonia com os demais, como se fosse parte de um rebanho de carneiros pastando tranquilamente juntos. Uma maneira de descrever a realidade do Mundo Celestial é dizer que se trata de um local habitado por quem não sente vergonha de mostrar o que está pensando. Aquelas pessoas que vivem com a mente repleta de maus pensamentos, poluída, não terão permissão de viver no Mundo Celestial devido ao mau odor que emanam.

Gostaria que você pensasse profundamente se é capaz de expor em público o que pensa, sem hesitação ou vergonha. Se concluir que prefere esconder isso ou aquilo, é bom saber que o Mundo Celestial ainda está um pouco distante do seu alcance.

Para um ser humano, o ideal é que ele viva sendo apreciado e tido em alta consideração pelos outros e por ele mesmo, de maneira franca, inocente e simples. Viver no Mundo Celestial não envolve dificuldades maiores do que essas. Primeiro, é essencial viver um tipo de vida que tanto você quanto os outros possam celebrar. Depois, no estágio seguinte, aqueles que se mostrarem capazes de exercer uma influência maior receberão a incumbência de cumprir tarefas mais importantes como anjos.

10

O Princípio para Estabelecer o Reino Búdico

Neste capítulo, explorei o destino, o livre-arbítrio, o inferno e o Mundo Celestial, partindo de uma discussão sobre a Lei de Causa e Efeito. A razão pela qual o budismo ensina o conceito de Mundo Celestial e inferno é que o trabalho diário de cada pessoa plantando sementes para o futuro no final irá contribuir para a criação do Mundo Celestial ou do inferno. Portanto, para alcançar a meta de criar o reino búdico, em outras palavras, a utopia na Terra, onde todas as pessoas possam viver juntas em harmonia e de modo gratificante, precisamos levar uma vida celestial enquanto estamos ainda vivendo neste mundo terreno.

Para isso, que tipo de sementes precisamos plantar? Primeiro, é necessário ter uma profunda compreensão da Lei de Causa e Efeito e, com base nela, almejar viver de uma maneira que não traga prejuízo a ninguém nem a nós mesmos, e que aumente nossa felicidade e a dos outros.

Muitos afirmam que a pessoa boa sempre sai perdendo, e que uma pessoa honesta na verdade está fazendo papel de boba. Mesmo assim, você deve ser bom e honesto. Uma pessoa honesta pode às vezes parecer ingênua, mas viver a vida com simplicidade, confiança e sinceridade contribui para criar a utopia na Terra. É importante viver sincera e honestamente de uma forma que não traga prejuízo a ninguém e ao mesmo tempo acreditar que tudo está num processo de purificação e desenvolvimento. É viver a vida como um anjo.

Criar a utopia na Terra não é tarefa fácil, mas será possível quando cada um e todos compreenderem a Lei de Causa e Efeito. A vida consiste numa série de causas e efeitos, por isso se você não se esquecer de criar boas causas, no tempo certo será rodeado por bons efeitos. Mesmo que agora esteja cercado de circunstâncias desagradáveis e situações desfavoráveis, isso é apenas fruto de sementes que você plantou no passado. O que você deve fazer agora, neste momento, é concentrar-se em plantar boas sementes para o futuro. Esta é a verdadeira essência da filosofia do Pensamento Iluminador e lhe permitirá viver uma vida cheia de luz.

Na realidade, praticar o espírito dessa filosofia requer uma profunda compreensão da Lei de Causa e Efeito, porque a situação que está enfrentando agora pode ser a colheita das ervas daninhas que semeou antes; mas, se você se concentrar em semear boas sementes de bom trigo a partir de agora, pode esperar uma boa colheita. Se continuar a sustentar essa filosofia, o mundo à sua volta começará a brilhar com uma luz dourada. Eu gostaria que você vivesse cada dia da sua vida dessa maneira.

Capítulo Seis

A Filosofia da Perfeição Humana

1

O Que É Iluminação?

Neste último capítulo, explicarei os conceitos de "iluminação", um assunto ao mesmo tempo antigo e novo. Podemos dizer que a atração que a doutrina de Shakyamuni exerce sobre as pessoas, transmitida pelo budismo, decorre principalmente do ensinamento sobre a iluminação de cada um. A iluminação é um conceito muito interessante; ela nos mostra que o ser humano não é um ser desamparado que depende somente da salvação por uma força exterior, mas que pode erguer-se sobre os próprios pés, plantando-os firmemente no chão, e evoluir pelo próprio esforço. Este é um dos segredos místicos mais populares do budismo.

Os fundamentos desta religião contêm um poder extremamente grandioso. Na verdade, as pessoas não conhecem o budismo e têm uma falsa compreensão de seus ensinamentos, considerando-o uma filosofia pessimista voltada para os mais fracos; no entanto, ele reúne os segredos para as pessoas se erguerem com firmeza e se tornarem fortes e independentes. O ensinamento de que cada pessoa poderia se elevar e alcançar a iluminação, tornando-se um buda, ou um ser desperto, realmente marcou época de Shakyamuni, há 2.500 anos.

Alguns podem achar que esta ideia surgiu anos mais tarde, das escolas do Grande Veículo (Mahayana), mas na verdade ela teve origem no momento em que Gautama pronunciou seu primeiro sermão para os cinco ascetas, decidindo guiá-los, conseguindo assim que alcançassem a iluminação no nível de Arhat ou Arakan.

Podemos viver em função dos outros, da sociedade ou do país, mas é quase impossível alguém esquecer completamente de si mesmo. Todo pensamento humano tende a começar e terminar com o "eu", portanto, qualquer ideologia ou filosofia que negligencie o "eu" individual não conseguirá produzir muitos frutos. Em países comunistas, por exemplo, onde o objetivo maior era trabalhar para o Estado, as pessoas acabaram perdendo a motivação pelo trabalho e o desejo de crescer.

Esta forma de pensar tem muito a ver com a maneira de perceber as pessoas em relação ao todo. As almas individuais foram criadas a partir de uma divisão da vida do Buda Primordial, por isso cada uma possui luz individualmente. No início, cada alma era parte do todo, e a razão pela qual as almas individuais passaram a existir separadamente é para que cada um desenvolva ao máximo sua personalidade e possa brilhar intensamente.

Em última instância, o objetivo é que a humanidade se desenvolva como um todo, mas o primeiro passo é perceber que cada indivíduo precisa refinar seu caráter e emanar sua luz. É impossível tratar as pessoas como uma massa, sem distinguir uma da outra. Cada pessoa era originalmente uma partícula da Luz de Buda,

Deus, uma Luz que se separou e se espalhou a partir do todo e passou a se manifestar individualmente, por isso é importante que cada partícula de luz brilhe com seu próprio esplendor único. O conceito de iluminação está ligado não só à salvação da alma individual, mas indica também desenvolver qualidades fortes e positivas; é para desenvolver esses valores que as pessoas vivem. A iluminação é a resposta à seguinte questão: Qual é a razão para eu ter nascido num mundo instável e transitório como o da terceira dimensão? Em outras palavras, a iluminação é obter a elevação da nossa consciência espiritual, a compreensão do objetivo e da missão de nossas vidas e conhecer os segredos do universo. Em última análise, seu verdadeiro significado é o "saber", a partir do qual surgirá um novo sentimento de felicidade e fará fluir uma grandiosa energia.

Gostaria que você entendesse que a iluminação não é um conceito limitado, que visa apenas o desenvolvimento do indivíduo; ao contrário, ela implica que todos os indivíduos brilhem intensamente.

2

Pré-requisitos da Iluminação

Quais são os pré-requisitos para se alcançar a iluminação? Que postura mental devemos ter para que nos tornemos iluminados? Existem três pré-requisitos.

Primeiro, é preciso reconhecer que os seres humanos têm um potencial ilimitado e uma capacidade infinita de evoluir. Sem isso, a busca pela iluminação perderia todo o sentido. Se a definição de um ser humano fosse a de uma criatura fraca, desprezível, à deriva nas torrentes do rio do destino, não haveria nenhuma possibilidade de iluminação. Mas o budismo, ao contrário, enxerga na essência do ser humano a infinita bondade.

Em segundo lugar, devemos lembrar que se você não almeja obter a iluminação, não há esperança de que venha a obtê-la. A não ser que primeiro você a queira intensamente, não poderá alcançar a iluminação. A vontade de se autoaprimorar não vem de uma força externa; portanto, só é possível alcançar a iluminação quando há um forte desejo de avançar, um desejo que venha de dentro. Despertar para a aspiração de se iluminar é vital; e é tanto uma obrigação quanto um direito seu.

Em terceiro lugar, é preciso compreender que os seres humanos são capazes de conseguir resultados por meio de seus esforços. Isso significa que, se você plantar as sementes, irá colher os frutos, como expliquei no capítulo anterior sobre a Lei de Causa e Efeito. A menos que aceite esta verdade, não há possibilidade de alcançar a iluminação. Se você faz um esforço, pode esperar uma recompensa adequada: é fundamental que você entenda esta lei de causa e efeito.

No mundo do coração, se você plantar uma semente, ela inevitavelmente vai produzir frutos. Mas, por questões fenomênicas, é possível também que seus esforços não produzam os frutos esperados. Neste mundo, mesmo que você seja amável com as pessoas, às vezes poderá ser mal compreendido. No entanto, no mundo espiritual, se você tiver um bom coração e o expressar em suas ações, com toda a certeza o resultado se manifestará, pois nele não há exceções para a lei de causa e efeito.

Para concluir esta seção, vamos resumir os três pré-requisitos para alcançar a iluminação: 1) acreditar no potencial ilimitado dos seres humanos; 2) ter a iniciativa de almejar a iluminação e a coragem de dar o primeiro passo; 3) acreditar que no mundo da iluminação, se você lançar as sementes e se esforçar para cuidar delas, infalivelmente produzirão frutos, pois a lei de causa e efeito ocorre com 100% de certeza.

3

A Metodologia para Alcançar a Iluminação

Que métodos estão disponíveis para alcançar a iluminação? Há maneiras específicas de trabalhar para se atingir essa meta? Para responder a essas questões, gostaria de sugerir três opções.

A primeira delas é ir acumulando resultados por meio do esforço no aprimoramento espiritual, a fim de adquirir sabedoria e aumentar seu nível de consciência espiritual, ao abrir a porta do seu coração e passar por experiências de fenômenos espirituais. Este é o caminho dos verdadeiros espiritualistas que de fato se dedicam seriamente ao aprimoramento espiritual, como buscadores da luz e religiosos.

"Dedique todo o seu tempo ao estudo dos ensinamentos da Verdade Búdica e aplique-o na prática todos os dias. Procure oportunidades para entrar em contato com o reino espiritual, de forma segura, de acordo com os ensinamentos transmitidos pela Happy Science, e se empenhe para aprofundar sua compreensão. Depois, observe o mundo e a si mesmo tendo como base uma perspectiva espiritual." Da mesma forma como foi no passado, ainda na atualidade este é um método autêntico de se alcançar a iluminação.

Uma das características mais notáveis da ordem espiritual de Shakyamuni era a de ser capaz de produzir excelentes líderes religiosos, pessoas que podiam ser chamadas de "espiritualistas profissionais". Talvez em parte porque a sociedade da época não fosse tão complexa quanto a de hoje, muitas pessoas não hesitavam em abandonar a vida mundana para trilhar o caminho da iluminação. Significava que a pessoa estava determinada a viver em regime integral como um buscador da Verdade, como um asceta profissional no caminho da iluminação.

Pode haver alguma discussão a respeito da real necessidade de se abandonar a vida mundana, mas não há dúvida de que, se você quer se tornar um especialista em qualquer setor e conseguir algo significativo no mundo, deve dedicar-se de corpo e alma à sua meta. Se a pessoa quer ser um grande ator, deve investir muita energia no desenvolvimento das habilidades de representação teatral. Nenhum pintor será capaz de pintar uma obra que consiga tocar o coração das pessoas se não tiver pintado continuamente uma grande quantidade de quadros até obter a habilidade necessária. Um pintor que se dedica apenas nos fins de semana nunca será um verdadeiro artista. O mesmo pode se dizer do aprimoramento espiritual. Seguindo esta verdade universal, Shakyamuni colocou muita ênfase na formação de líderes espirituais e religiosos profissionais dentro da sua organização religiosa, promovendo sua educação e treinamento.

A segunda opção é a disciplina para aqueles que buscam o aperfeiçoamento espiritual sem abandonar a vida mundana, como espiritualistas religiosos leigos. A ideia é que, embora a pessoa permaneça firmemente ancorada na vida mundana, levando uma vida normal, sua mente esteja em sintonia com o mundo da Verdade Búdica e ela dedique seu tempo livre à exploração, estudo e difusão dos ensinamentos da Verdade Búdica. Esta segunda opção para se alcançar a iluminação é fundamental para que a Verdade possa ser transmitida em larga escala. Não é possível à maioria das pessoas se tornarem religiosas ou espiritualistas profissionais, que dedicam todo o seu esforço ao caminho da Verdade Búdica, por isso é muito importante que haja um método de disciplina espiritual para os buscadores ou ascetas leigos.

No entanto, a disciplina dos buscadores ou ascetas leigos pode ser mais difícil que aquela dos espiritualistas e religiosos profissionais, por estarem vivendo em ambientes mundanos, muito distantes do mundo da Verdade Espiritual. Pode-se dizer que eles estão em desvantagem em relação aos buscadores espirituais e religiosos profissionais que se dedicam em tempo integral, porque é como se corressem numa pista de areia com pesos em seus sapatos.

Mas, por outro lado, o fato de ficarem a toda hora tentando sintonizar o coração para explorar a Verdade Búdica e de viverem em meio a circunstâncias adversas pode ser um treinamento valioso para que se fortaleçam espiritualmente. Nesse sentido, os buscadores ou ascetas leigos ou membros não ordenados estão em posição mais vantajosa para refinarem suas almas.

A terceira opção para alcançar a iluminação é interpretá-la de várias maneiras e permitir que esta se faça presente nos mais diversos campos da vida humana. Em contraste com o segundo método, que traça uma linha clara entre as atividades da vida mundana e a disciplina no caminho da ascese espiritual pela Verdade Búdica, esta opção significa emancipar a iluminação do mundo religioso e trazê-la para o mundo cotidiano. Para isso, espera-se que a pessoa não só busque a iluminação para si, mas também compartilhe sua compreensão com os outros, transformando-a de várias maneiras. Ou seja: aplicar o conhecimento sobre a Verdade Búdica a um amplo espectro de campos: arte, literatura, filosofia, questões de negócios e situações que você enfrenta na vida familiar. Este procedimento se desvia um pouco do caminho principal para se obter a iluminação, mas serve para aqueles que conhecem suas próprias limitações e se esforçam ao máximo para colocar em prática o que aprendem. Apesar de não ser o método dos espiritualistas e religiosos profissionais, é uma forma aplicada de autodisciplina para os leigos na busca da espiritualidade. É um modo de alcançar a iluminação pela prática do conhecimento da Verdade Búdica na vida cotidiana.

4

O Mecanismo da Iluminação

A seguir, gostaria de explorar o mecanismo da iluminação, mas primeiro preciso esclarecer a estrutura e o funcionamento da alma e do coração. Vamos começar definindo "alma" e "coração".

Antes de mais nada, o que eu chamo de "alma" é uma forma de energia espiritual que tem exatamente o mesmo formato do corpo físico e fica encerrada dentro dele. Com a minha visão espiritual, posso ver a alma dentro do corpo da pessoa, e percebo que tem exatamente o mesmo tamanho dela, além de olhos, nariz, boca e outros traços. A alma é essencialmente uma entidade amorfa, mas quando reside dentro do corpo físico assume o formato do ser humano.

Por outro lado, o que chamo de "coração" refere-se à mente, e constitui o núcleo da alma. A mente pode ser comparada à gema de um ovo. É o centro de controle da alma e, descrita visualmente, fica perto do coração físico. Toda alma está conectada ao mundo do infinito por meio do seu núcleo, o coração ou mente. Embora a alma individual exista separadamente, a parte chamada de "coração" fica conectada ao mundo infinito. Dotada de olhos espirituais, essa parte da mente humana que está conectada ao mundo infinito às vezes parece uma corda, ou melhor, um tubo. Se você traçar um caminho pelo tubo, ele leva a vários reinos diferentes no mundo espiritual. Embora a alma humana exista no mundo tridimensional, encerrada no corpo físico, seu núcleo chamado de mente está ligado aos reinos espirituais que abrangem da quarta até a nona dimensão.

Isso pode parecer misterioso, e talvez você sinta que está bem além da sua imaginação, mas é importante conhecer a estrutura do mundo do coração. Este tipo de consciência nos remete ao conceito filosófico "Um é muitos, e muitos são um". Uma coisa existe, mas ao mesmo tempo é não existente; algo é não existente e no entanto existe. O mundo da mente é onde coisas que parecem se contradizer podem coexistir de modo compatível.

Se você pudesse olhar pela "janela da mente" que é seu coração, o que veria do outro lado seria nada menos do que o Mundo Real. É como olhar para o mundo por um telescópio num observatório no alto de um arranha-céu. Se você focalizar direito, terá uma visão bem próxima das ruas agitadas da cidade, e poderá ver também as montanhas ao longe. Da mesma maneira que você controla uma lente, também poderá ver vários mundos diferentes, bastando ajustar o foco da mente para distâncias diferentes. Podemos dizer que a iluminação é um método de controle do foco da sua mente, relacionado à existência de diferentes dimensões na estrutura do mundo espiritual ou mundo real. O nível da sua iluminação pode ser determinado pela direção, pelo grau de aumento e pela distância focal com a qual você olha para os objetos através do telescópio da sua mente. De onde você está, pode decidir olhar tanto para perto quanto para longe. A escolha é sua. Quero lembrar que esses diferentes reinos do Mundo Real não são muito distantes de onde você está. Você pode percebê-los e experimentá-los de fato neste exato momento.

5

Os Efeitos da Iluminação

Descrevi a iluminação dizendo que equivale a controlar o foco de um telescópio para ver objetos que estão distantes. Qual seria, então, o efeito da iluminação? O que a iluminação pode lhe trazer? Que tipo de benefícios você pode esperar ao obter a iluminação? Talvez sejam estas as questões que ocupam sua mente agora. Gostaria de resumir os efeitos da iluminação nos três pontos a seguir.

Primeiro, à medida que sua compreensão se ampliar, você será capaz de eliminar suas preocupações, sofrimentos e ansiedades de natureza mundana.

Em segundo lugar, como resultado de ter alcançado a iluminação, você será capaz de beneficiar um número maior de pessoas. Quanto mais conhecer a si mesmo e o mundo, mais condição terá de ajudar as pessoas a se tornarem verdadeiramente felizes e se desenvolverem. A iluminação age no sentido de refinar a personalidade e o caráter, aumentando a influência que você tem sobre os outros, o que beneficiará cada vez mais as pessoas à sua volta.

O terceiro efeito vem da própria iluminação, e é um sentimento de verdadeira felicidade. Trata-se de algo totalmente diferente de qualquer sensação de felicidade mundana, como as que você experimenta ao receber um aumento de salário, uma promoção ou quando os outros o elogiam. A verdadeira felicidade de despertar para a Verdade Búdica é o maior prazer que o espírito humano pode experimentar. Sem ter vivido este supremo êxtase, você não pode afirmar que está tendo uma vida verdadeira. A iluminação é o maior presente que Buda ou Deus pode dar aos seres humanos que vivem na Terra. Não se pode dizer que uma pessoa seja verdadeiramente um ser humano se não conhecer esta felicidade.

Em resumo, existem três efeitos principais que você pode esperar como decorrência da iluminação: 1) Eliminação dos sofrimentos por meio da elevação do nível de compreensão; 2) Ampliação da capacidade de beneficiar as outras pessoas; 3) Experimentar a felicidade máxima ou êxtase que acompanha a iluminação.

6

O Que É o Estado de Arhat?

Nos ensinamentos de Shakyamuni, o objetivo educacional mais importante era atingir o estado de Arhat, também chamado de Arakan no budismo japonês. A razão de se colocar tanta importância nele é que se trata do primeiro estágio a ser buscado quando se trilha o caminho para a perfeição humana, e também por ser o estado que permite se comunicar com espíritos elevados do outro mundo ou receber mensagens deles. Ou seja, trata-se do primeiro estágio de perfeição, onde você começa a sentir a existência do Mundo Real, e é possível viver como se estivesse no Mundo Real, apesar de estar ainda neste mundo material.

De acordo com os ensinamentos que tenho transmitido sobre o mundo espiritual multidimensional, o estado de Arhat equivale a uma iluminação nas camadas superiores do Reino da Luz da sexta dimensão. É o estágio no qual você alcança a iluminação principalmente por meio do estudo dos ensinamentos da Verdade Búdica. Quando você atinge os níveis superiores de cada dimensão, significa que está se preparando para passar para o nível seguinte, neste caso o Reino dos Bodhisattvas, Bosatsus ou anjos, da sétima dimensão. Em outras palavras, ele é o portal para o Reino dos Anjos.

A rigor, o estado de Arhat pode ser dividido em vários níveis, mas aqui vou dividi-lo em apenas duas categorias gerais. O primeiro nível é chamado de "Arhat-aspirante", que significa que você está se aprimorando espiritualmente e avançando para alcançar o estado de Arhat. O segundo é chamado de "Arhat-formado", no qual você já alcançou esse estado.

Então, qual a diferença entre o "Arhat-aspirante" e o "Arhat-formado"? Se você dedica toda sua vida como um buscador da Verdade espiritual, mesmo tendo se libertado das preocupações e sofrimentos e fazendo esforços constantes para avançar no caminho da Verdade, pode-se dizer que está no estágio de "Arhat-aspirante". Mas, para se tornar um "Arhat-formado", você precisa manter esse estado por no mínimo dois ou três anos. Se for bem-sucedido em manter um estado mental calmo e livre de apegos e sofrimentos por três anos, pode considerar que alcançou o estágio de "Arhat-formado". Nesse período, talvez enfrente algumas situações que perturbem seu coração, mas deve ser capaz de serenar essa turbulência interior. Também precisa praticar regularmente a autorreflexão, prosseguir com sua disciplina no estudo e prática no caminho da Verdade e ser capaz de receber orientação espiritual do Mundo Celestial. A menos que consiga sustentar esse estado de espírito por no mínimo três anos, não poderá afirmar que é um "Arhat-formado".

Em certos casos excepcionais, uma pessoa pode atingir o estado de "Arhat-aspirante" em questão de dias ou em uma semana. Se ela conseguir resgatar suas memórias desde que era bem pequena e refletir sobre todos os pensamentos e ações erradas do passado e permitir que lágrimas de arrependimento ("a chuva do Darma") corram por seu rosto, talvez seja capaz de ouvir a voz e ser banhada pela Luz do seu espírito guardião e espírito guia, e assim consiga se tornar um "Arhat-aspirante".

Embora alguns alcancem esse estado muito depressa, de três dias a uma semana, a questão é se esta condição pode ser mantida ou não. Um seminário espiritual ou meditação durante alguns dias num retiro espiritual ou numa montanha remota pode permitir que você alcance um estado próximo ao de Arhat. No entanto, assim que você retoma sua vida cotidiana, o que costuma acontecer com as pessoas é que as impurezas que obscurecem a mente começam a se acumular de novo. Somente se você conseguir manter por dois ou três anos o mesmo estado de espírito do momento em que derramou lágrimas de arrependimento e decidiu fazer os votos de renascer para uma nova vida, é que conseguirá atingir, de fato, o estado de Arhat.

Se você partir deste mundo nesse estado de espírito, certamente retornará ao mundo dos Arhat, nos domínios superiores do Reino de Luz da sexta dimensão.

Infelizmente, depois de conseguirem atingir o estado de "Arhat-aspirante", muitas pessoas despencam de volta, como alpinistas que estavam prestes a alcançar o pico de uma montanha, mas começam a perder o equilíbrio e o controle e acabam caindo. A possibilidade de atingir o estado de "Arhat-aspirante" está aberta a todos aqueles que estudam com afinco a Verdade Búdica e continuam buscando e praticando o aprimoramento espiritual. Mas chegar ao nível de "Arhat-formado" não é tão fácil; apenas quatro ou cinco em cada cem são bem-sucedidos. Além disso, daqueles que alcançam o estado de "Arhat-formado", menos de 10% se qualificam para seguir adiante até o mundo dos Bodhisattvas, Bosatsu ou anjos. Já mencionei que para se tornar um "Arhat-formado" é necessário manter o estado de Arhat-aspirante por três anos. Mas depois, para se tornar um Bodhisattva, ou anjo, você precisa manter o estado de "Arhat-formado" pelo resto da vida. Um pré-requisito para se tornar um anjo ou Bodhisattva é colocar toda a sua vida a serviço dos outros, e isso significa sustentar o estado de "Arhat-formado" pela vida toda. Tornar-se um Bodhisattva é muito mais difícil; se mil pessoas se dedicarem à disciplina de aprimoramento espiritual, só umas poucas conseguirão atingir o estado de iluminação de um Bodhisattva.

7

A Disciplina Espiritual de um Arhat

Nesta seção, gostaria de falar sobre a disciplina necessária para um Arhat. Vamos supor que mil praticantes se dediquem à disciplina de aperfeiçoamento espiritual; se forem persistentes e orientados por bons mestres, todos serão capazes de alcançar o estado de "Arhat-aspirante" e manter essa condição por uma ou duas semanas. No entanto, apenas uns cinquenta desses mil aspirantes chegarão a cumprir todo o trajeto até se tornarem um "Arhat-formado". Além disso, desses cinquenta, apenas cinco irão qualificar-se para se tornarem Bodhisattvas. É essa a difícil tarefa que os buscadores da Verdade têm pela frente.

Quais são as atitudes mais importantes para um Arhat, à medida que ele avança em sua disciplina de aprimoramento espiritual? Há dois pontos a serem lembrados.

Primeiro, é essencial ter a determinação de continuar na disciplina de aprimoramento por toda a vida, até a hora da morte. A mente humana não demora em acumular impurezas, assim como a superfície de um espelho se enche de poeira e fica embaçada, por isso é importante que você continue seu aprimoramento e estabeleça essa conduta como parte de sua prática diária, como se fosse o hábito de limpar um espelho. Da mesma forma que você lava os pratos, põe a roupa na máquina de lavar ou limpa sua casa todo dia, também deve cuidar diariamente da purificação de sua mente. Continue fazendo isso por toda a vida.

Em segundo lugar, a humildade é muito importante, porque o maior risco para um Arhat é se tornar presunçoso. Quando os buscadores da Verdade alcançam o estado de Arhat, tendem com facilidade a ficar satisfeitos com o nível baixo de iluminação e o sucesso que conseguiram. É a partir deste nível que os praticantes da disciplina búdica começam a experimentar fenômenos espirituais – por exemplo, ver a aura dos outros ou ouvir as vozes de seus próprios espíritos guardiões. O resultado é que alguns buscadores concluem erroneamente que já se tornaram grandes seres de Luz, ou Bodhisattvas.

No estado de Arhat, é absolutamente necessário que você reflita sobre si mesmo com humildade. Se alguma vez chegar a experimentar fenômenos espirituais, não se torne presunçoso por causa disso; aceite o fato tranquilamente como uma experiência, procurando ter a sabedoria de reconhecer uma pedra preciosa no meio dos pedregulhos. O equilíbrio também é vital para a percepção espiritual. Se você conseguir ter controle total dos fenômenos espirituais, como um motorista hábil que sabe manobrar o carro à vontade, não haverá problemas. Mas a maioria das pessoas não é capaz disso.

Portanto, as duas coisas mais importantes a serem lembradas ao se empreender a disciplina de um Arhat são: 1) nunca esqueça de continuar se aprimorando ao longo de toda a vida; 2) relembre constantemente, gravando no coração, a importância da humildade, e tenha cuidado especial com as experiências de fenômenos espirituais, porque elas tendem a fazer com que as pessoas se esqueçam da humildade e se desviem do caminho.

8

A Natureza Essencial do Bodhisattva

Continuando nossa exploração do estado de Arhat, vamos passar para o nível seguinte, o estado de Bodhisattva, Bosatsu ou anjo. Segundo as regras do mundo espiritual, você precisa reencarnar três vezes seguidas mantendo o estado de Arhat para poder ascender até o reino dos anjos ou Bodhisattvas.

Embora os seres humanos repitam os ciclos de reencarnação muitas e muitas vezes, em quase todos os casos a única oportunidade em que alcançam o estado de Arhat estando aqui na Terra é quando há um grande mestre de luz encarnado neste mundo. Se você leva uma vida comum numa época em que não há nenhum grande mestre para orientá-lo, é extremamente difícil alcançar uma iluminação de Arhat apenas com o próprio esforço. Algumas pessoas excepcionais conseguem isso, como resultado das lições aprendidas com a experiência, mas a probabilidade é muito pequena.

O surgimento de um grande número de novos Arhat só se dá quando um grande mestre espiritual está encarnado. Por isso, quando um desses mestres é aguardado na Terra, os espíritos competem entre si para encarnar também. Se eles estudarem a Lei da Verdade sob a orientação desse grande mestre e conseguirem alcançar o estado de Arhat, essa realização ficará gravada em seus registros espirituais. No beisebol, os rebatedores são qualificados por sua média de rebatidas, depois que conseguem estabelecer uma certa média expressiva, que não costuma cair com facilidade. Do mesmo modo, depois que você alcança a iluminação de Arhat sob a orientação de um grande mestre, e se for capaz de viver suas duas próximas encarnações no estado de Arhat – em outras palavras, depois de três vidas seguidas –, então você terá permissão de ascender ao estágio seguinte, de Bosatsu ou anjo. É isso o que geralmente acontece.

Como vemos, os requisitos para se qualificar como um Bodhisattva são bem rigorosos, e você precisa provar sua competência por um longo período de tempo. Se uma pessoa mediana reencarnar uma vez a cada trezentos anos, isso quer dizer que ela vai demorar quase mil anos para se tornar um Bodhisattva ou anjo, depois de ter alcançado o estado de Arhat. Os praticantes de disciplina espiritual que almejam elevar-se e tornar-se Bodhisattvas precisam ter por cerca de mil anos uma determinação muito forte de continuar com seus esforços para avançar no caminho. Infelizmente, a maioria das pessoas acaba desistindo em poucos anos, por isso, a menos que você seja dotado de uma força de vontade excepcional, e de muita humildade e perseverança, esta meta dificilmente será alcançada. No entanto, também é verdade que depois que você se torna um Bodhisattva, Bosatsu ou anjo após mil anos de disciplina, esse estado mental não se deteriora com facilidade.

O Reino dos anjos ou Bodhisattvas e os reinos superiores a esse são os domínios dos guias e mestres, educadores "profissionais". Essa distância entre o profissional e o amador não é fácil de vencer, portanto, a não ser que você se aprimore de maneira intensiva e profunda, não irá merecer o título de "profissional". Gostaria de lembrar a você que tornar-se um Bodhisattva ou anjo requer uma autodisciplina rigorosa por um longo período de tempo, e que não é algo que possa ser conseguido de uma hora para outra. Não se deve alimentar a ideia equivocada de que é possível tornar-se um Bodhisattva simplesmente sendo bom com alguém ou fazendo donativos a uma instituição de caridade. É necessária uma extraordinária perseverança para continuar avançando no caminho.

O altruísmo e o amor são parte essencial da natureza do anjo ou Bodhisattva, mas esse amor é sustentado pela força singular daqueles que passaram muito tempo dedicados a fazer desse mundo um lugar melhor para as pessoas viverem e que prosseguiram nesses seus esforços para realizar essa meta com uma perseverança inabalável. Essas pessoas são caracterizadas por uma extraordinária perseverança e firmeza de propósito. Aqueles que caminharam firmes pelo estreito caminho, mantendo o objetivo de salvar outras pessoas, trazendo luz ao mundo e criando a utopia na Terra, estão cumprindo sua missão de anjos de luz.

A luz que um Bodhisattva emite não é um brilho superficial. É uma luz profunda que vem do coração, fruto de sua incansável disciplina espiritual ao longo de centenas e milhares de anos.

9

A Natureza Essencial do Tathagata

Eu disse que de mil "Arhat-aspirantes", cinco, quando muito, conseguem alcançar a iluminação de Bodhisattva, e isso terá exigido deles mil anos de autodisciplina. Então, a pergunta seguinte é: "Como um Bodhisattva faz para se tornar um Tathagata (Nyorai)?" E a resposta é: "Ele precisa ter reencarnado de vinte a trinta vezes mantendo o estado de Bodhisattva, em diferentes eras e regiões. Somente se conseguir cumprir 80% a 90% da sua missão em cada uma dessas encarnações, independentemente da região ou época, é que será designado Tathagata, também conhecido por Nyorai ou arcanjo, com base nas suas realizações e nas capacidades superiores que tiver demonstrado. Ou seja, são necessários mais de dez mil anos de sucesso continuado para que um Bodhisattva se torne um Tathagata, com a condição de que o Bodhisattva consiga manter esse seu estado superior por todos esses anos. Sem dúvida, exige transpor um obstáculo incrivelmente alto.

Mesmo que os Bodhisattvas tenham evoluído a ponto de alcançarem os níveis superiores dentro do Reino dos Bodhisattvas, eles podem experimentar altos e baixos no decorrer dos dez mil anos de reencarnações. E às vezes cometem erros. Embora se espere que eles se dediquem ao altruísmo e a orientar as pessoas, às vezes são desviados por forças malignas, acabam acreditando que são tão elevados quanto os deuses primordiais e fundam então suas próprias religiões. Sempre há a possibilidade de riscos desse tipo. No entanto, por terem sido originalmente espíritos elevados, eles acabam corrigindo seus erros e voltando ao caminho certo. Em casos assim, a disciplina no caminho para se tornar um Tathagata, Nyorai ou Arcanjo, terá de ser retomada desde o início. Embora tenham sido bem-sucedidos em continuar a disciplina como anjos ou Bodhisattvas de nível superior por milhares de anos, se eles se perderem e precisarem passar duzentos ou trezentos anos corrigindo seus erros, os anos anteriores não irão contar mais e eles terão de começar tudo de novo.

Como mencionei, a condição para se tornar um Tathagata é ter tido dez mil anos de sucesso como Bodhisattva ou anjo de nível superior. Se um anjo falha depois de nove mil anos de glória, todos esses anos serão perdidos e ele terá de recomeçar do zero outro período de dez mil anos. Como essa disciplina é de uma exigência extrema, apenas um de cada quinhentos anjos ou Bodhisattva de nível superior consegue ser bem-sucedido em alcançar o estado de Tathagata, Nyorai ou Arcanjo, depois de dez mil anos de devoção e de árdua disciplina espiritual.

Segundo minhas observações, existem cerca de dois mil espíritos no nível mais elevado do Reino dos

Bodhisattvas, que estão se submetendo a uma disciplina para avançar até o Reino dos Tathagata. Se aplicarmos esta proporção de 500:1, só quatro desses dois mil conseguirão se tornar Arcanjos. Como nascem apenas quatro Tathagata a cada dez mil anos, podemos dizer que em média só assistimos ao nascimento de um novo Tathagata a cada 2.500 anos. Considerando que somos mais de sete bilhões de pessoas na Terra e cerca de cinquenta bilhões no total (quando incluímos a população do mundo espiritual), a árdua disciplina de todos os cinquenta bilhões de espíritos produz apenas um Tathagata a cada 2.500 anos. Portanto, o surgimento de um Tathagata, Nyorai ou Arcanjo, é uma ocorrência realmente muito rara.

Mesmo assim, pelo fato de um novo Tathagata nascer apenas a cada 2.500 anos, esse nascimento é celebrado como a maior alegria de toda a humanidade. O nascimento de um Tathagata, que ocorre com intervalo de milênios, é acompanhado por uma imensa emissão de luz. O Mundo Celestial fica incrivelmente iluminado, como se um imenso lustre tivesse sido aceso. Quando isso ocorre, o Mundo Celestial se enche de êxtase pela aparição dessa força adicional.

No Mundo Celestial, sempre é realizado um esforço imenso, constante e regular. Aquele que se torna um Tathagata é uma fonte de energia espiritual que nutre muitas e muitas pessoas, como a abelha-rainha que produz inúmeros ovos. O nascimento de um Tathagata significa, portanto, o nascimento de um novo grande líder espiritual, que irá guiar muitos com seu estado inabalável e sua capacidade superior, desenvolvidos ao longo de dez mil anos de esforço contínuo.

O número total de Tathagatas no Mundo Celestial é estimado em menos de quinhentos. Considerando que esse número reduzido é responsável por guiar cerca de cinquenta bilhões de espíritos, cada Tathagata, Nyorai ou Arcanjo, deve ser capaz de liderar cem milhões de pessoas. É esta a razão pela qual são necessários dez mil anos de sucesso continuado para que um Bodhisattva de nível superior se torne um Tathagata; é o tempo exigido para desenvolver as extraordinárias capacidades de liderança imprescindíveis para orientar um número tão vasto de pessoas. Por outro lado, também é verdade que a possibilidade de se tornar um Tathagata está aberta a qualquer um que satisfaça esta exigência.

10

O Caminho para Se Tornar um Buda

Afirmei que uma alma comum pode chegar ao estado de Tathagata, Nyorai ou Arcanjo, se prosseguir incansavelmente em seus esforços. Existem vários espíritos originários da Terra que se tornaram Nyorai, Tathagata ou Arcanjo.

Acima do Reino dos Tathagatas está o Reino dos Budas, ou dos Messias, aqueles que são verdadeiramente despertos e iluminados, que atuam como salvadores dos respectivos planetas. No nosso grupo espiritual da Terra existem dez grandiosos espíritos de luz, chamados de Budas. Os seres chamados de Buda ou Messias têm uma incomparável capacidade de cuidar de todo um grupo espiritual pertencente a um planeta. Você seria capaz de imaginar quanto esforço é exigido de um Tathagata para tornar-se um Buda, um Grande Guia de Luz da nona dimensão? Requer uma trajetória bem-sucedida como Tathagata de pelo menos cem milhões de anos. Somente se ele tiver sido bem-sucedido em guiar a humanidade por mais de cem milhões de anos, através de todas as suas reencarnações como Tathagata, é que lhe será permitido entrar no mundo da nona dimensão dos Grandes Guias de Luz, o mundo dos messias e salvadores. Numa comparação, enquanto são necessários dez mil anos de disciplina para que um Bodhisattva de nível superior se torne Tathagata, podem ser necessários até cem milhões de anos para um Tathagata se tornar um Grande Tathagata.

Esses Tathagatas ou Arcanjos, seres da oitava dimensão, que são cerca de quinhentos, precisam experimentar cem milhões de anos bem-sucedidos para evoluírem à condição de Grande Tathagata, e mesmo um único fracasso durante esse período reduz todos os seus esforços anteriores a zero, obrigando-os a reiniciar o processo todo, desde o início.

Teoricamente, nasce um Grande Tathagata a cada cem ou duzentos milhões de anos. Originário do grupo espiritual da Terra, ainda não se formou nenhum Grande Tathagata; todos os dez Grandes Guias de Luz (Grandes Tathagatas ou Budas) do nosso planeta procedem de outros sistemas planetários do grande universo, e desde a origem de nosso planeta estão encarregados de criar e guiar o grupo espiritual terrestre.

Nos níveis superiores da oitava dimensão, também chamados de Reino do Sol, há vários espíritos elevados com potencial para evoluir até a posição de Grande Tathagata. Talvez nas próximas dezenas de milhões de anos ocorra o nascimento de um novo Grande Tathagata.

Quando ele surgir, poderá haver um aumento no número total de Grandes Espíritos Guia da nona dimensão, ou talvez seja possível que um dos Grandes Tathagatas parta para outro planeta a fim de cuidar e guiar seus habitantes.

Como vimos, a alma humana está em processo de eterna evolução por meio do esforço incansável. O único método de alcançar a vitória final é a perseverança, o esforço contínuo. Esta atitude deve ser celebrada, pois irá trazer felicidade a muitas pessoas. Devemos sempre lembrar que a maior felicidade humana é conseguir trazer felicidade a muitas pessoas.

Epílogo

Talvez após a leitura do último capítulo deste livro você tenha soltado um longo suspiro, ao ver o quanto pode ser difícil seguir no caminho da iluminação. Sem dúvida, é um caminho árduo e muito exigente, mas sua determinação irá colocá-lo na linha de partida e será a força motriz que o conduzirá à meta final. Se este livro de alguma maneira servir como guia para sua eterna evolução espiritual, a alegria do autor ultrapassará todas as expectativas.

Ryuho Okawa
Agosto de 1988
(para a edição japonesa)

Sobre o Autor

O mestre Ryuho Okawa começou a receber mensagens de grandes personalidades da história – Jesus, Buda e outras criaturas celestiais – em 1981. Esses seres sagrados vieram com mensagens apaixonadas e urgentes, rogando para que ele entregasse às pessoas na Terra a sabedoria divina deles. Assim se revelou o chamado para que ele se tornasse um líder espiritual e inspirasse pessoas no mundo todo com as Verdades espirituais sobre a origem da humanidade e sobre a alma, por tanto tempo ocultas. Esses diálogos desvendaram os mistérios do Céu e do Inferno e se tornaram a base sobre a qual o mestre Okawa construiu sua filosofia espiritual.

À medida que sua consciência espiritual se aprofundou, ele compreendeu que essa sabedoria continha o poder de ajudar a humanidade a superar conflitos religiosos e culturais e conduzi-la a uma era de paz e harmonia na Terra.

Pouco antes de completar 30 anos, o mestre Okawa deixou de lado uma promissora carreira de negócios para se dedicar totalmente à publicação das mensagens que recebe do Céu. Desde então, até dezembro de 2012, já lançou mais de 1000 livros, tornando-se um autor de grande sucesso no Japão. A universalidade da sabedoria que ele compartilha, a profundidade de sua filosofia religiosa e espiritual e a clareza e compaixão de suas mensagens continuam a atrair milhões de leitores. Além de seu trabalho contínuo como escritor, o mestre Okawa dá aulas e palestras públicas pelo mundo todo.

Sobre a Happy Science

Em 1986, o mestre Ryuho Okawa fundou a Happy Science, um movimento espiritual empenhado em levar mais felicidade à humanidade pela superação de barreiras raciais, religiosas e culturais, e pelo trabalho rumo ao ideal de um mundo unido em paz e harmonia. Apoiada por seguidores que vivem de acordo com as palavras de iluminada sabedoria do mestre Okawa, a Happy Science tem crescido rapidamente desde sua fundação no Japão e hoje conta com mais de 12 milhões de membros em todo o globo, com Templos locais em Nova York, Los Angeles, São Francisco, Tóquio, Londres, Paris, Düsseldorf, Sydney, São Paulo e Seul, dentre as principais cidades. Semanalmente o mestre Okawa fala nos Templos da Happy Science e viaja pelo mundo dando palestras abertas ao público.

A Happy Science possui vários programas e serviços de apoio às comunidades locais e pessoas necessitadas, como programas educacionais pré e pós-escolares para jovens e serviços para idosos e pessoas portadoras de deficiências. Os membros também participam de atividades sociais e beneficentes, que no passado incluíram ajuda humanitária às vitimas de terremotos na China e no Japão, levantamento de fundos para uma escola na Índia e doação de mosquiteiros para hospitais em Uganda.

Programas e Eventos

Os templos locais da Happy Science oferecem regularmente eventos, programas e seminários. Junte-se às nossas sessões de meditação, assista às nossas videopalestras, participe dos grupos de estudo, seminários e eventos literários. Nossos programas ajudarão você a:

- Aprofundar sua compreensão do propósito e significado da vida.
- Melhorar seus relacionamentos conforme você aprende a amar incondicionalmente.
- Aprender a tranquilizar a mente mesmo em dias estressantes, pela prática da contemplação e da meditação.
- Aprender a superar os desafios da vida e muito mais.

Seminários Internacionais

Anualmente, amigos do mundo inteiro comparecem aos nossos seminários internacionais, que ocorrem em nossos templos no Japão. Todo ano são oferecidos programas diferentes sobre diversos tópicos, entre eles como melhorar relacionamentos praticando os Oito Corretos Caminhos para a iluminação e como amar a si mesmo.

Revista Happy Science

Leia os ensinamentos do mestre Okawa na revista mensal *Happy Science*, que também traz experiências de vida de membros do mundo todo, informações sobre vídeos da Happy Science, resenhas de livros etc. A revista está disponível em inglês, português, espanhol, francês, alemão, chinês, coreano e outras línguas. Edições anteriores podem ser adquiridas por encomenda. Assinaturas podem ser feitas no templo da Happy Science mais perto de você.

Contatos

Templos da Happy Science no Brasil

Para entrar em contato, visite o website da Happy Science no Brasil: http://www.happyscience-br.org/

TEMPLO MATRIZ DE SÃO PAULO
Rua Domingos de Morais, 1154, Vila Mariana,
São Paulo, SP, CEP 04010-100.
Tel.: (11) 5088-3800; Fax: (11) 5088-3806
E-mail: sp@happy-science.org

TEMPLOS LOCAIS

SÃO PAULO
Região Sul:
Rua Domingos de Morais, 1154, 1º andar,
Vila Mariana, São Paulo, SP, CEP 04010-100.
Tel.: (11) 5574-0054; Fax: (11) 5574-8164
E-mail: sp_sul@happy-science.org

Região Leste:
Rua Fernão Tavares, 124, Tatuapé, São Paulo, SP,
CEP 03306-030.
Tel.: (11) 2295-8500; Fax: (11) 2295-8505
E-mail: sp_leste@happy-science.org

Região Oeste:
Rua Grauçá, 77, Vila Sônia, São Paulo, SP,
CEP 05626-020.
Tel.: (11) 3061-5400
E-mail: sp_oeste@happy-science.org

JUNDIAÍ
Rua Congo, 447, Jd. Bonfiglioli, Jundiaí, SP,
CEP 13207-340.
Tel.: (11) 4587-5952
E-mail: jundiai@happy-science.org

RIO DE JANEIRO
Largo do Machado, 21 sala 607, Catete
Rio de Janeiro, RJ, CEP 22221-020.
Tel.: (21) 3243-1475
E-mail: riodejaneiro@happy-science.org

SOROCABA
Rua Dr. Álvaro Soares, 195, sala 3, Centro,
Sorocaba, SP, CEP 18010-190.
Tel.: (15) 3232-1510
E-mail: sorocaba@happy-science.org

SANTOS
Rua Itororó, 29, Centro,
Santos, SP, CEP 11010-070.
Tel.: (13) 3219-4600
E-mail: santos@happy-science.org

Templos da Happy Science pelo Mundo

A Happy Science é uma organização com vários templos distribuídos pelo mundo. Para obter uma lista completa, visite o site internacional (em inglês):

www.happyscience.org.

Localização de alguns dos muitos templos da Happy Science no exterior:

JAPÃO

Departamento Internacional
6F 1-6-7, Togoshi, Shinagawa,
Tokyo, 142-0041, Japan
Tel.: (03) 6384-5770
Fax: (03) 6384-5776
E-mail: tokyo@happy-science.org
Website: www.happy-science.jp

ESTADOS UNIDOS

Nova York
79 Franklin Street,
New York, NY 10013
Tel.: 1- 212-343-7972
Fax: 1-212-343-7973
E-mail: ny@happy-science.org
Website: www.happyscience-ny.org

Los Angeles
1590 E. Del Mar Boulevard,
Pasadena, CA 91106
Tel.: 1-626-395-7775
Fax: 1-626-395-7776
E-mail: la@happy-science.org
Website: www.happyscience-la.org

São Francisco
525 Clinton Street,
Redwood City, CA 94062
Tel./Fax: 1-650-363-2777
E-mail: sf@happy-science.org
Website: www.happyscience-sf.org

Havaí
1221 Kapiolani Blvd,
Suite 920, Honolulu
HI 96814, USA
Tel.: 1-808-537-2777
E-mail: hawaii-shoja@happy-science.org
Website: www.happyscience-hi.org

AMÉRICAS CENTRAL E DO SUL

MÉXICO
E-mail: mexico@happy-science.org
Website: www.happyscience.jp/sp

PERU
Av. Angamos Oeste, 354,
Miraflores, Lima, Perú
Tel.: 51-1-9872-2600
E-mail: peru@happy-science.org
Website: www.happyscience.jp/sp

EUROPA

INGLATERRA
3 Margaret Street,
London W1W 8RE, UK
Tel.: 44-20-7323-9255
Fax: 44-20-7323-9344
E-mail: eu@happy-science.org
Website: www.happyscience-eu.org

ALEMANHA
Klosterstr. 112, 40211 Düsseldorf, Germany
Tel.: 49-211-9365-2470
Fax: 49-211-9365-2471
E-mail: germany@happy-science.org

FRANÇA
56 rue Fondary 75015, Paris, France
Tel.: 33-9-5040-1110
Fax: 33-9-5540-1110
E-mail: france@happy-science-fr.org
Website: www.happyscience-fr.org

Outros Livros de Ryuho Okawa

O Caminho da Felicidade:
Torne-se um Anjo na Terra

Mude Sua Vida, Mude o Mundo:
Um Guia Espiritual para Viver Agora

A Mente Inabalável:
Como Superar as Dificuldades da Vida

As Leis da Salvação:
Fé e a Sociedade Futura

O Próximo Grande Despertar:
Um Renascimento Espiritual

Ame, Nutra e Perdoe:
Um Guia Capaz de Iluminar Sua Vida

As Leis da Imortalidade
O Despertar Espiritual para uma Nova Era Espacial

As Leis do Sol:
O Caminho Rumo a El Cantare
Ensinamentos de Buda para a Nova Era

As Leis Douradas:
O Caminho para um Despertar Espiritual

As Leis da Eternidade:
Desvendando os Segredos do Mundo Espiritual

As Leis da Felicidade:
Os Quatro Princípios Que Trazem a Felicidade

Renascimento de Buda:
Uma Mensagem aos Discípulos de Vínculos Passados

O Ponto de Partida da Felicidade:
Um Guia Prático e Intuitivo para a Descoberta do Amor, da Sabedoria e da Fé

Pensamento Vencedor:
Estratégias para Transformar o Fracasso em Sucesso

Mensagens de Jesus Cristo:
A Ressurreição do Amor

Mensagens Celestiais de Masaharu Taniguchi:
Mensagem ao Povo da Terra

As Chaves da Felicidade:
10 Princípios para Manifestar a Sua Natureza Divina

Curando a Si Mesmo:
A Verdadeira Relação entre o Corpo e o Espírito

GRÁFICA PAYM
Tel. (011) 4392-3344
paym@terra.com.br